Tilman Riemenschneider und seine Kunst

蒂尔曼·芮门施奈德

湮没在历史中的德国雕刻大师

宋公仆　宋春阳　著

中国美术学院出版社

目录 / Contents

第一章　蒂尔曼·芮门施奈德的再发现

1531年7月7日，蒂尔曼·芮门施奈德在德国维尔茨堡去世。这位中世纪晚期的雕刻家在生前曾享有盛名。他的儿子约尔格·芮门施奈德（Jörg Riemenschneider）为他雕刻了石制墓碑，上面的墓志铭把他称为“技艺高超的雕刻家和这座城市备受尊敬的公民”。

在1490到1525年之间，蒂尔曼·芮门施奈德不只是一位拥有精湛技艺的雕刻艺人，他对中世纪晚期德国社会的艺术风尚和大众审美志趣有着精准的把握，他极大地推动了德国传统雕刻艺术的形式化语言和表现技巧的进一步发展。此外，芮门施奈德还是那个时代市民政治生活的亲历者和重要的参与者，他长期在维尔茨堡市议会任职，1520年更当选为维尔茨堡市的市长。

艺术与政治的结合，这是欧洲社会从中世纪向近代过渡的标志之一。芮门施奈德的一生跌宕起伏，他成为当时德国社会市民阶层走向觉醒的象征性人物——在那个时代，艺术家不再是中世纪默默无闻的工匠，而是要鲜明张扬自主精神和艺术个性的创作主体。在另一方面，那些被斥责为蛊惑人心的宗教“圣像”越来越遭到社会大众的激烈批评——特别是人们为了祈求死后的“拯救”，投入越来越多的钱去修造圣像。人们对圣像极端矛盾的态度，已经逐步影响到雕刻家的生计。

就是在这个时代，中世纪长达千年波澜不惊的社会生活变得不再稳定，原有秩序分崩离析，社会在政治与宗教的剧烈矛盾中飘摇不定，激烈的冲突已经在孕育中。从15世纪后半叶开始，德国农民不断发动起义反抗领主的暴政，到1525年，席卷了大半个帝国的德国农民战争终于烧及维尔茨堡。

作为维尔茨堡市议会的一员，市民出身的蒂尔曼·芮门施奈德毅然站在了起义者一边，反对维尔茨堡采邑主教的教权和教区中的贵族领主。但是紧随着农民起义被镇压，等待芮门施奈德的是牢狱和刑讯。芮门施奈德雕塑工作室承接的绝大多数订单都来自维尔茨堡教会以及美茵–弗兰肯地区的豪门贵族，他与权势者的决裂遭到了后者疯狂的报复。悲惨的境遇伴随芮门施奈德走完人生最后的岁月，他的名声和作品就这样随着他的辞世一同被湮没在历史中。

一直到18世纪，世人对蒂尔曼·芮门施奈德这个名字早已淡忘。人们依稀记得的只是维尔茨堡主教座堂中伫立的两座主教墓碑是由一个叫“达洛·阿尔皮诺·施耐德（Dalo Alpino Schneider）”的人雕刻的。[1]

关于蒂尔曼·芮门施奈德的重新发现，应该与德国18世纪末兴起的浪漫主义思潮联系在一起。[2] 在19世纪以前，德国人完全倾慕于法国和意大利的文化，对本国文化不闻不问。直到约翰·沃尔夫冈·冯·歌德（Johann Wolfgang von Goethe）和约翰·戈特弗里德·海德尔（Johann Gottfried Herder）等年轻一代知识分子走上历史舞台，他们才开始对德国传统的文化艺术进行重新评价。他们要求把德国的民族文化放在与法国文化同等的地位上。

1842年夏天，德国当时最权威的艺术史学者、柏林艺术画廊的主管古斯塔夫·弗里德里希·瓦根（Gustav Friedrich Waagen）对弗兰肯地区进行了一次深入的考察，他先后拜访了班贝格、纽伦堡和维尔茨堡，其间对班贝格主教座堂（Bamberger Dom St. Peter und St. Georg）中由芮门施奈德雕刻的《皇帝石棺》（*Kaisergrab*）赞不绝口。后来，他在自己所著的《德国艺术品与艺术家》（*Kunstwerke und Künstler in Deutschland*）（1843年）一书中，把这件大型石灰岩雕刻称为“那个时代（中世纪晚期）德国雕塑中最杰出的作品之

1. “达洛·阿尔皮诺·施耐德”这个名字出自16世纪维尔茨堡编年史家约翰尼斯·莱因哈特（Johannes Reinhardt）对维尔茨堡主教墓碑的记载。此后，历史学家约翰·彼得·冯·路德维希（Johann Peter von Ludwig）在1713年出版了《维尔茨堡采邑主教的历史作者》（*Geschicht-Schreiber von dem Bischoffthum Wirtzburg*）一书。尽管他在书中纠正了莱因哈特的错误，认为主教墓碑的雕刻者应该是“Dillmann Riemenschneider”，但是莱因哈特的影响甚深，1763年出版的《艺术家百科全书》（*Künster-Lexikon*），其作者约翰·鲁道夫·菲斯利（Johann Rudolf Füssli）仍把芮门施奈德称为“Dalius Alpinus Schneider”。（Borchert：pp. 120-121）

2. 其实，德国在19世纪所经历的数次文化思潮——从浪漫主义到爱国主义、民族主义——都要求人们从德国本土的中世纪艺术中去寻求民族文化之根。

图 1-1 芮门施奈德墓碑

一”。得益于瓦根在德国艺术批评界广泛的影响力，他对芮门施奈德的高度认同，很快就在全国范围内掀起了一股研究芮门施奈德的热潮。（Borchert：pp. 122－126）

与此同时，一件很偶然的事情又进一步激发了学者们对芮门施奈德的研究热情。1822年，维尔茨堡市政当局决定要兴建一条新的马路，这条路要穿过废弃已久的主教座堂墓地。工人们在平整地基时，意外地在墓地中清理出一块墓碑，这块刻有半身像和铭文的墓碑的主人正是蒂尔曼·芮门施奈德。（图1-1）

墓碑的发现引起了维尔茨堡本地学者卡尔·戈特弗里德·夏洛尔德（Carl Gottfried Scharold）的极大兴趣，他在下弗兰肯和阿莎芬堡历史学会[3]的资助下，又考察了弗兰肯地区的多处遗迹，他把维尔茨堡主教教堂（St. Kiliansdom）中的两块主教墓碑，玛利恩礼拜堂（Marienkapelle）的《亚当》（*Adam*）和《夏娃》（*Eva*），班贝格主教座堂中的《皇帝石棺》（*Kaisergrab*），福尔卡赫·玛利亚朝圣教堂（Wallfahrtskirche Maria im Weingarten）中的《玛多娜玫瑰花环》（*Rosenkranz–Madonna*）等雕刻作品联系在一起，陆续发表了多篇介绍蒂尔曼·芮门施奈德的文章。经过夏洛尔德对芮门施奈德的生平和作品所进行的系统性梳理，芮门施奈德的形象逐渐从纷乱的历史背景中清晰起来。

1849年，艺术史学者卡尔·贝克尔（Carl Becker）[4] 在经过多年研究之后，搜集整理了大量有关芮门施奈德的历史资料，在莱比锡出版了有史以来第一本全面介绍芮门施奈德和他的雕刻作品的专著——《雕刻家蒂尔曼·芮门施奈德的人生与作品——15世纪末16世纪初一位近乎被遗忘的杰出的艺术家》（*Leben und Werke des Bildhauers Tilmann Riemenschneider, eines fast unbekannten aber vortrefflichen Künstlers, am Ende des 15. und am Anfang des 16. Jahrhunderts*）。这本书内容翔实，收入在作品名录中的雕塑已经多达20件，此外还对芮门施奈德的生平进行了进一步的挖掘，成为第一本向读者展示芮门施奈德在德国农民战争中角色的作品。该书出版的年代正是德国民族主义高涨的岁月——1848年的自由主义革命席卷了整个欧洲——在这种时代背景下，芮门施奈德很自然地被德国民众看作是"追求公民自由的先驱、反抗专制暴政的斗士"。此外，贝克尔为芮门施奈德作品中饱含的德国中世纪晚期的艺术精神而欢呼，赞扬他的雕塑透射着"最纯粹而简洁的美，最深沉而真切的情感"；在他的作品中，"为了理想而高昂的头有时也流露出犹疑的神情"，他雕刻的"双手"，精巧而柔美，这些都是伟大的现实主义的果实，它们让人由衷感动。在贝克尔笔下，蒂尔曼·芮门施奈德已经被看作是中世纪晚期德国艺术巨匠们中的一员。

当时对芮门施奈德进行研究的素材还非常有限，仅有二十多件雕塑被认定是他的作品，而且其中以石雕居多，比如维尔茨堡玛利恩礼拜堂的《亚当》和《夏娃》，班贝格的

3. 在19世纪初，大量基督教教产被世俗化，当时由政府资助在各地成立了很多从事历史研究和文物保护的民间组织，它们为搜集整理和保护教会遗留下的艺术品做出了大量工作。

4. 卡尔·贝克尔原本是普鲁士海关官员，业余时间从事中世纪艺术的研究。

《皇帝石棺》，麦德布隆（Maidbronn）的《悲悼基督》（*Beweinung Christi*），以及维尔茨堡主教座堂中的两座主教墓碑。今天被世人更为熟知的那些大型木雕祭坛，一直到19世纪末还没有进入研究者的视野——它们都被看作是无名氏的作品[5]——因此，芮门施奈德最初被人们认为是一位杰出的石雕艺术家。（图1-2）

今天，《圣血祭坛》（*Heilig–Blut–Altar*）被公认是芮门施奈德众多作品中最优秀的一件。但是在19世纪前期，《圣血祭坛》到底出自谁手，却一直是一个让研究者们倍感困惑的问题。颇有影响力的艺术史学者古斯塔夫·弗里德里希·瓦根曾在1842年造访过罗腾堡的圣雅各布教堂（St. Jakobskirche），他把《圣血祭坛》看作是中世纪晚期雕塑艺术中“最伟大的作品”之一。但是很可惜，他也没有把这座祭坛与雕刻《皇帝石棺》的芮门施奈德联系在一起。

芮门施奈德的另外一件重要作品《玛利恩祭坛》（*Marien–Altar*）是在1833年才被重新发现的，这座木雕折翼祭坛自宗教改革以来就一直被封存在克雷格林根郊外的圣父教堂（Herrgottskirche）中。圣父教堂曾经是一座香火兴盛的朝圣教堂，宗教改革之后被改造成专门为葬礼服务的墓园教堂。《玛利恩祭坛》的再发现迅速在全国范围内引起了学者们的关注，这座祭坛所展现出的工艺之精湛、布局之巧妙让所有人都为之惊叹——但是它依然被看作是无名氏的作品。其间虽有戈特利普·本茨（Gottlieb Bunz）、卡尔·鲍尔（Karl Bauer）等人从雕刻技法和作品风格入手推断出《圣血祭坛》和《玛利恩祭坛》应该出自

图 1-2：芮门施奈德的石雕作品

5. 当时只有福尔卡赫的《玛多娜玫瑰花环》被明确认定是芮门施奈德的作品。

图 1-3：克雷格林根的《玛利恩祭坛》
配文：在《玛利恩祭坛》基座的“耶稣十二龄讲道”浮雕中，有一个戴着折着帽檐儿软帽的经师形象，他站在浮雕的边沿，神色内敛望向远方。这应该就是芮门施奈德希望永远留在历史中的身影。

同一位雕刻家之手，但是直到1882年，人们才最终确认，蒂尔曼·芮门施奈德是这些祭坛的作者。[6]

德国当时最著名的艺术史学者威廉·博德（Wilhelm Bode）在1885年出版的《德国雕塑艺术史》（*Geschichte der deutschen Plastik*）中，正式确认了芮门施奈德是《圣血祭坛》

6. 研究者海因里希·维斯贝克（Heinrich Weissbecker）在罗腾堡当地的历史档案中发现了《圣血祭坛》的合约副本，其中明确记载了《圣血祭坛》是向芮门施奈德订购的，从而最终揭开了芮门施奈德与《圣血祭坛》之间的关系，并进一步认定是芮门施奈德制作了《玛利恩祭坛》。

和《玛利恩祭坛》的作者。《德国雕塑艺术史》一书可谓是现代德国雕塑艺术研究的开山之作，在书中威廉·博德确立了德国雕塑艺术发展的谱系，并把芮门施奈德归入“文艺复兴风格”[7]——对于博德而言，“文艺复兴”就是艺术家对“效法自然”的兴趣的复苏，但是在对“自然进行忠实再现”的过程中欧洲南北选择了完全不同的路径，阿尔卑斯山以北的艺术家采用了直接观察自然、描摹自然的方法，在南方的意大利则通过对古典时代的研究发展出一套“科学”的技法。（Borchert：pp. 131）此后，弗兰肯地区散布在市镇乡间的那些无名氏的木雕，也越来越多与芮门施奈德这个名字联系起来。（图1-3）

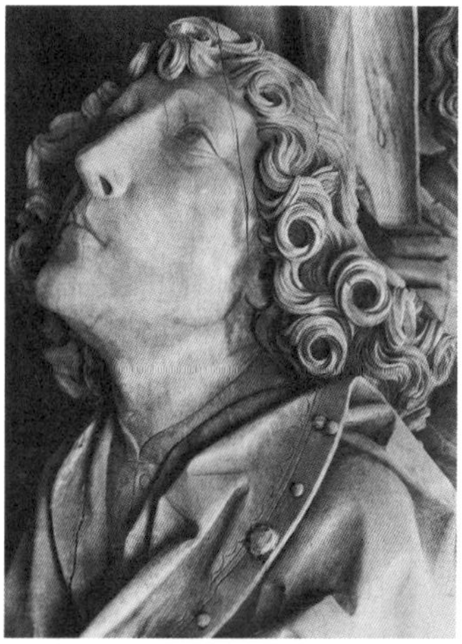

图 1-3：克雷格林根的《玛利恩祭坛》细节图

从19世纪末开始，围绕蒂尔曼·芮门施奈德的研究变得更加系统和组织化，有大量公共博物馆参与到芮门施奈德作品的收藏工作中来。

最早进行芮门施奈德作品收藏的机构是维尔茨堡历史协会，它从1836年收集第一座《使徒约翰》（*Evangelist Johannes*）雕像开始，到20世纪70年代已经收藏了30件由芮门施奈德工作室完成的作品。后来在1894年，玛利恩礼拜堂的《亚当》和《夏娃》石雕原件也以租借方式被收藏于维尔茨堡历史协会。1907年，玛利恩礼拜堂外墙扶墩上的《使徒群像》（*Der Apostelzyklus*）也被纳入历史协会的收藏。与此同时，维尔茨堡城市艺术馆也成立了专门的芮门

7. 当然，围绕芮门施奈德作品的时代划分历来都是学术界的争论议题，比如艺术史学者安东·韦伯（Anton Weber）认为，芮门施奈德和他的同时代雕刻家都应该划归为“中世纪晚期”艺术家。而爱德华·托尼斯（Eduard Tönnies）则认为，芮门施奈德是一个承前启后的创新者，虽然他的作品仍然以表现传统的中古精神为主，但是他对传统主题进行了新的改造，采用了自然主义的方法，作品中带有强烈的心理内化的精神气质，这些都让他表现出对“哥特式”艺术风格的某种超越。（Borchert：pp. 131-132）

施奈德作品收藏部门，它的第一件藏品是芮门施奈德为市政厅雕刻的一张石制圆桌（Tisch aus dem Rathaus in Würzburg）。此外，1893年成立的弗兰肯古代文物协会也将芮门施奈德作品列入收藏计划。这三家维尔茨堡本地的收藏机构在1908年最终合并，它们共同出资参加了“萨特勒收藏（Kollektion von Sattler）”的竞拍，购入多件芮门施奈德亲手完成的一流作品，其中就包括《圣母子与圣安娜》（*Anna Selbdritt*）石雕。1913年，维尔茨堡的芮门施奈德收藏被正式并入今天的美茵弗兰肯博物馆（Mainfränkisches Museum）的前身——弗兰肯路易波德博物馆，从此成为该博物馆藏品中最重要的一部分，并且作为“弗兰肯的古代文物（Fränkische Altherthümer）”常规展的一部分进行展览。1931年，为纪念芮门施奈德逝世400周年，弗兰肯古代文物协会在美茵弗兰肯博物馆策划组织了第一次大型的芮门施奈德作品特展。

在维尔茨堡之外，德国最知名的艺术研究机构和博物馆也参与到芮门施奈德作品的研究和收藏中来。特别是当那些私人藏家们在19世纪末开始抛售手中的藏品时，柏林和慕尼黑的两大国家博物馆成为拍卖会上芮门施奈德作品最强有力的竞逐者。

1890年，卡尔·斯特莱特（Carl Streit）开始出售他收藏的芮门施奈德作品，自此私人藏家手中芮门施奈德的藏品开始流向各大公共博物馆。斯特莱特是芮门施奈德作品最重要的私人收藏者之一，他曾在1875年出版过一份芮门施奈德藏品目录，在这份目录中还特意配上了藏品的照片。这在当时是非常罕见的。另外一位重要的藏家是威廉·萨特勒（Wilhelm Sattler），他手中握有米内尔施塔特《玛德琳祭坛》（*Magdalenen-Altar*）上的大部分圣像和浮雕。

通过对这两个私人收藏的拍卖，芮门施奈德存世的大量顶尖作品进入了柏林和慕尼黑的国家博物馆。作为德国现代博物馆学的奠基人之一，威廉·博德在柏林的国家博物馆建立起系统性的芮门施奈德作品收藏，并先后在1888年和1910年两次推出了德国雕塑展的展品目录。建立芮门施奈德作品收藏，同样是慕尼黑的巴伐利亚国家博物馆的目标，它其实比柏林的博物馆动手更早，1858年就已经搜集到数件芮门施奈德的作品，包括木雕和雪花石膏雕像（Alabaster）。巴伐利亚国家博物馆在20世纪90年代又陆续投入巨资购入“斯特莱特收藏”和“萨特勒收藏”中的大部分藏品，其中米内尔施塔特的《玛德琳祭坛》神龛正中的“玛利亚·玛德琳升天像”以13800马克的价格购得。为了陈列这座保存相对完整的《玛德琳祭坛》原件，巴伐利亚国家博物馆专门设置了一间展室，名为“芮门施奈德礼拜堂”。

除去维尔茨堡、柏林、慕尼黑的博物馆之外，纽伦堡德意志国家博物馆也收藏有数件芮门施奈德的作品，作为“中世纪与近代早期德国雕塑艺术”展区的一部分。此外，德国境内还有汉堡、法兰克福、达姆施塔特、汉诺威等地的博物馆也收藏有芮门施奈德的重要作品。国际上对芮门施奈德作品的收藏则横跨欧美的顶级艺术展馆，其中包括：荷兰的阿姆斯特丹国家博物馆，法国巴黎的卢浮宫，美国纽约的大都会艺术博物馆，华盛顿的国家画廊和敦巴顿橡树园博物馆，波士顿绘画艺术博物馆，克利夫兰艺术博物馆，英国伦敦的维多利亚和阿尔伯特博物馆，奥地利维也纳的艺术史博物馆，瑞士苏黎世的艺术之家等。（图1-4）

对蒂尔曼·芮门施奈德和他的作品展开现代性研究始于20世纪20年代。当时，年轻的德国犹太裔艺术史学者尤斯图斯·比尔（Justus Bier）在1925年以他的博士论文为蓝本出版了《蒂尔曼·芮门施奈德：早期作品》（*Tilman Riemenschneider. Die frühen Werke*）一书，在当时这是一部颇具开创性的著作；随后在1930年，他围绕芮门施奈德创作历程的中期又出版了《蒂尔曼·芮门施奈德：成熟期作品》（*Tilman Riemenschneider. Die reifen Werke*）。随着20世纪30年代德国国内政治环境的突变，尤斯图斯·比尔在1936年迁居美国，赴肯塔基州的路易斯维尔大学任教。此后一直到1970年代，比尔又写作了大量有关芮门施奈德的研究性著作，最后在1973年和1978年分别出版了《蒂尔曼·芮门施奈德：晚期石雕》（*Tilman Riemenschneider. Die späten Werke in Stein*）和《蒂尔曼·芮门施奈德：晚

图 1-4：海外收藏的芮门施奈德作品

期木雕》（*Tilman Riemenschneider. Die späten Werke in Holz*），从而形成了4卷本的芮门施奈德研究巨著。这也是今天所有芮门施奈德研究者都不能绕开的作品。

在艺术史研究的同时，越来越多有关芮门施奈德本人的档案资料也不断被重新发现，芮门施奈德开始成为文人墨客笔下的主角。1900年，诗人小爱德华・保卢斯（Eduard Paulus der Jüngere）出版了一本名为《关于三位艺术家人生的诗歌：蒂尔曼・芮门施奈德、埃尔文・冯・斯坦巴赫[8]、米开朗琪罗》（*Drei Künstlerleben: Tilmann Riemenschneider, Erwin von Steinbach, Michelangelo. Dichtungen*）的诗集，他采用古典主义风格的诗句，描绘了芮门施奈德跌宕起伏的一生。有关芮门施奈德的学术和流行作品不断涌现，这让芮门施奈德迅速成为德国社会中一个耀眼的文化符号。

特别是在一战之后沦为战败国的德国，大批失意的德国人变得更加执着于本民族的文化艺术，他们大力鼓吹"纯粹的德国风格和纯粹的晚期哥特式"艺术，将源自其他国家的艺术元素彻底摒弃。在芮门施奈德的作品中，这些文化的民族主义者找到了他们理想中纯粹的德国式审美——那是一种道德感与艺术感的统一。著名的艺术史学家威廉・平德尔（Wilhelm Pinder）[9]在他两卷本的《从中世纪晚期到文艺复兴末期的德国雕塑艺术》（*Die deutsche Plastik vom ausgehenden Mittelalter bis zum Ende der Renaissance*）一书中，把德国在1500年前后的雕塑艺术视作欧洲艺术传统之外一个完全原创而独立的艺术门派。与此同时，他把芮门施奈德奉为德国中世纪艺术的标杆，称他为"下弗兰肯柔情似水的君王（zarter Tyrann）"——正是芮门施奈德在统治着那个时代的德国艺术。另外一位艺术史学家格奥尔格・里尔（Georg Lill）在他1925年出版的《德国雕塑艺术》（*Deutsche Plastik*）[10]一书中将蒂尔曼・芮门施奈德誉为"中世纪雕刻家中最具德意志风尚的一位"。

此时的蒂尔曼・芮门施奈德与阿尔布莱希特・丢勒、维特・史托斯（Veit Stoß）等艺术大师并驾齐驱，成为德国民族主义复兴的一面旗帜。当时的艺术史学家提奥多・戴姆勒

8. 13世纪中叶至14世纪初德国著名的雕刻家和建筑师，斯特拉斯堡大教堂的主要设计者，被雅各布・布克哈特誉为德国的米开朗琪罗。

9. 德国现代重要的艺术史学者，魏玛共和国时期就曾在德国多所知名高校担任教职，1933年至1945年出任"德国艺术科学协会（Deutscher Verein für Kunstwissenschaft）"主席，为纳粹德国的文化政策和纳粹意识形态的形成发挥过重要作用。

10. 这本著作在当时具有极高的地位，社会影响力巨大，销量超过30万册。

（Theodor Demmler）评价芮门施奈德是“一个安静的沉浸在自我世界中的男人……但是，他是他那片疆域的领袖与主宰，他没有迎合大众的口味，而是驱赶与他同时代的人，在他开创的道路上对他不断追随”。

对艺术民族性的过分强调，在随后的第三帝国与民族心理学、种族生物学一同为纳粹主义的意识形态服务，以芮门施奈德为首的中世纪晚期艺术家被纳粹政权用于当时的文化宣传——克雷格林根的《玛利恩祭坛》就被拿来宣扬“为信仰而献身的精神”。（Borchert：pp. 140）

纳粹政府出于自身需要，将蒂尔曼·芮门施奈德包装成民族的“先知与斗士”，先后通过官方媒体出版了多部相关的文学作品。其中最成功的包括1938年由保罗·约翰尼斯·阿诺尔德（Paul Johannes Arnold）在柏林出版的小说《蒂尔曼·芮门施奈德：一位伟大的德国艺术大师的一生》（*Tilman Riemenschneider: der Lebensroman eines großen deutschen Meisters*）和1940年菲利克斯·贝伊尔斯坦（Felix Beielstein）以《大骚动：一部有关蒂尔曼·芮门施奈德的小说》（*Die große Unruhe: Ein Tilman Riemenschneider–Roman*）为题出版的作品。

与此同时，芮门施奈德的影响力早已不局限于德国国内。1936年卡尔·海因里希·斯坦因（Karl Heinrich Stein）在瑞士苏黎世出版了《农民战争中的蒂尔曼·芮门施奈德》（*Tilman Riemenschneider im Bauernkrieg*），这本书的立意与纳粹宣传针锋相对，作者借用芮门施奈德挺身对抗教会暴政的事迹，寓意自由知识分子对纳粹政权的反抗。

二战结束后，芮门施奈德的名声并未因纳粹政权对他历史形象的歪曲与滥用而受损，在普通民众心目中，依然只有阿尔布莱希特·丢勒可以与他齐名。人们开始逐渐祛除芮门施奈德被纳粹德国舆论宣传所附会上的“英雄主义”色彩，学者们尝试对他进行重新评价——人们要从他跌宕起伏的一生和非比寻常的艺术创作中挖掘出新的意义，以引导战后的德国人民重新站立起来。

1945年5月末，托马斯·曼（Thomas Mann）[11] 在美国国会图书馆进行的一次题为《德国与德国人》（*Deutschland und die Deutschen*）的演讲中，再次给予芮门施奈德最高的褒

11. 德国著名作家，代表作有《布登波洛克家族》《魔山》等，1929年被授予诺贝尔文学奖。

扬，将这位雕刻家视为德国历史上精神与政治自由传统的代表。托马斯·曼说道："曾经在德国有这样一位男性，我由衷地对他抱以好感，蒂尔曼·芮门施奈德，一位虔敬的艺术巨匠……他从未想过，自己会卷入上层的政治和世界贸易中去——这些与他天生的谦虚个性、他对自由而平和的艺术创作的热忱相去甚远。他从没有过政治野心。但是他的心，那一颗为贫苦和受压迫的人跳动的心，促使他与农民起义者站在一起，去反对领主，反对主教和贵族，一切都是为了农民，因为这关系着社会正义与信仰虔诚……即便要付出沉重的代价也在所不惜。农民起义被剿灭之后，重获胜利的权势者向芮门施奈德这个反抗者进行了凶残的复仇；他们对他施以监禁与酷刑，芮门施奈德最终被暴力降服，他无力继续唤醒树木与岩石中所蕴含的美，芮门施奈德正是由这种美孕育出来的。"（Kalden-Rosenfeld：pp. 7-8；Borchert：pp. 119）

围绕芮门施奈德的艺术史研究在20世纪80年代初开始步入一个全新的阶段。1980年，英国牛津大学艺术史教授迈克尔·巴克森德尔（Michael Baxandall）出版了《德国文艺复兴时期的木雕艺术家》（*Limewood Sculptors of Renaissance Germany*）一书，在英语国家的学界引起极大反响，同时也让有关芮门施奈德的研究脱离狭隘的德国艺术史视角，重归西方艺术史这个更加宏大的研究框架。（Borchert: pp. 142）以巴克森德尔的著作为契机，大批重量级学者于1981年齐集维尔茨堡，召开了名为"蒂尔曼·芮门施奈德的早期作品"的研讨会和大型展览，为芮门施奈德研究指明了新的发展方向。此前在对芮门施奈德作品的研究中，学者基本上是采用传统的"风格比对"方法以认定雕刻是否属于芮门施奈德的作品。而现在人们则开始借鉴自然科学的方法，通过对雕刻的材质进行鉴定分析，更准确有效地确定作品的创作年代以及它的作者。

今天，人们对蒂尔曼·芮门施奈德的研究已经不再仅限于探究他的个人经历和作品，而是要通过他的作品去了解那个巨变前夜的时代，即中世纪晚期德国的社会发展与国民心态。

比如那个一直困扰着学者们的问题——为什么芮门施奈德创作了大量单色的圣像（Monochrome）？这个问题至今在学术界还没有一致的结论。就在克雷格林根的《玛利恩祭坛》出现前三十年，当彩绘圣像仍然是木雕圣像装饰的主流，放弃彩绘的圣像意外地出现了。毫无疑问，这是一种全新的图像形式，这是对木雕装饰传统的一次革命。因为根据中世纪艺术匠人行会的规定，木雕必须进行彩绘处理。也许蒂尔曼·芮门施奈德已经敏感地捕捉到即将到来的社会巨变将会打破这个旧社会，他希望通过改变传统的造像语汇，让奢华而诱人的圣像回归朴素恬静，以一种平和的手段平息世人对教会、对信仰的怒火。很遗憾，他的这一努力最终还是没有抵挡住备受压迫的民众对教廷、对贵族的愤怒，一再爆发的起义与宗教改革最终席卷德意志大地。中世纪末期热烈的“造像运动”在16世纪30年代戛然而止，蒂尔曼·芮门施奈德在美茵弗兰肯城乡留下的大量祭坛雕刻，成为那个曾经长达千年的“黑暗时代”的绝唱，同时也预示着一个充满创造与开拓的新的时代的开始。

第二章　芮门施奈德的早年与时代

我们应该感谢大量被保存下来的历史档案和雕刻作品，是它们让我们今天的研究有据可查，是它们让我们能够真正走进蒂尔曼·芮门施奈德跌宕起伏的一生——能够有这么多文献资料被保留下来，这对于中世纪的艺术家而言是非常罕见的。但非常不幸的是，历史文献呈献给我们的蒂尔曼·芮门施奈德的早年生活却依然是非常模糊的。

当我们在简单地勾勒芮门施奈德的一生时就会发现，我们对1483年他结束了游学生涯定居维尔茨堡之后的生活了解很多——他在1485年成为维尔茨堡正式注册的雕刻师；他在这座城市拥有一座颇具规模的工作室；在工作室中他与学徒和助手一同制作了大量雕刻品；作为备受尊敬的雕刻家，他在1520至1521年曾出任过维尔茨堡的市长；1525年，芮门施奈德站在起义农民的一方反对维尔茨堡主教，起义被镇压后他也被教会投入了监牢；1531年在维尔茨堡辞世。但是反观1483年之前他的经历，历史记载却几乎是一片空白的。那么这位艺术大师的早年生活到底是怎样的呢？我们现在只能利用其他相关的资料去尽量拼贴和推测，从中复原出一个芮门施奈德出身和求学的概貌。

一、出身

蒂尔曼·芮门施奈德或许应该被称作小蒂尔曼，因为他与他的父亲同名，这种情况在中世纪的欧洲是很常见的。老蒂尔曼生于1420至1435年之间，他还有一个叫尼古劳斯的兄长，兄弟两人都在海利根施塔特出生，后来尼古劳斯进入教会做了神职人员，老蒂尔曼则成了铜匠。老蒂尔曼娶了一位名叫马格瑞特（Margarete）的姑娘为妻，她就是蒂尔曼·芮门施奈德的母亲。至于她娘家的姓氏早已不可考证。

蒂尔曼一家住在海利根施塔特一条被称为“铜巷（Kupfergasse）”的小街上，住在那里的应该也都是些精通炼铜铸铜技艺的手工匠人。现存资料中，已经没有关于蒂尔曼·芮门施奈德准确的生日记载，但是根据其他档案推测，他应该生在1460年前后。中世纪的手工匠人不仅生活富裕，而且受人尊敬，老蒂尔曼也是一样，他私人拥有一座炼铜的作坊，生活相当殷实，同时他还拥有一定的社会地位，是当地匠人行会里的首脑。他的哥哥尼古劳斯·芮门施奈德更是在1458年就进入了维尔茨堡采邑主教的官厅，成为颇受采邑主教约翰三世·冯·格鲁姆巴赫（Johann III von Grumbach）[12] 及其继任者鲁道夫二世·冯·席琳贝格所信赖的财政官——负责管理国库和税收。尼古劳斯还同时拥有多个薪俸丰厚的教会职位——除了维尔茨堡主教座堂牧师（Domvikar）一职外，他还在诺德豪森、阿莎芬堡、哥廷根等地拥有带薪的职务。

1461年，老蒂尔曼卷入了“美因茨教权之争（Mainzer Stiftsfehde）”——拿骚家族的阿道夫二世和伊森堡家族的迪特尔二世都对美因茨大主教一职志在必得，双方在各地纠集支持自己的力量，试图对当选主教产生于己有利的影响。这一事件在海利根施塔特的市民中也引发了分裂，市政委员会和各大行会都坚定地站在迪特尔二世·冯·伊森堡一边，贵族和教士则支持阿道夫二世·冯·拿骚。在对立双方发起的各种敌对行动中，老蒂尔曼就曾带人冲击过支持拿骚家族的教区修道院。1464年，罗马教皇最终钦定阿道夫二世出任美因茨大主教，而老蒂尔曼立刻就被逐出了海利根施塔特。他举家逃到了奥斯特罗德（Osterode），并在1468年成为当地的铸币厂厂长。可惜好景不长，从1471年开始老芮门施奈德又惹上了“操纵铸币，以次充好”的官司，他的人身安全遭到威胁，私人财产也被没收，最后更被奥斯特罗德驱逐处境。

应该说，自打蒂尔曼·芮门施奈德降生之后，他就一直与父母过着颠沛流离的生活。

12. 后来，蒂尔曼·芮门施奈德与冯·格鲁姆巴赫家族也保持了长年的友谊，从1487年开始，他为冯·格鲁姆巴赫家族的成员至少制作了四块墓碑：Eberhard von Grumbach、Elisabeth Stieber、Elisabeth的侄女Kunigunde、Philipp von Grumbach；此后，他的晚辈还从该家族承接过至少两件墓碑的订单：汉斯·弗瑞斯为Konrad von Grumbach雕刻的墓碑，还有约尔格·芮门施奈德为Hans von Grumbach-Estenfeld雕刻的墓碑。

图 2-1:《圣哲罗姆与狮子》(上)和《圣母领报》(下)

身为伯父的尼古劳斯也必须为自己的侄子规划人生，他希望蒂尔曼·芮门施奈德能够像他这样为教会效劳，摆脱动荡与流亡，过上一种相对稳定的生活——尼古劳斯为年轻的蒂尔曼在维尔茨堡的豪格修会教堂安排了一件差事，但是这份差事蒂尔曼·芮门施奈德做得并不久，1478年尼古劳斯去世，1479年蒂尔曼·芮门施奈德就被辞退了。

二、学徒与游学

根据现存文字资料，我们对蒂尔曼·芮门施奈德的学艺经历同样是了解不多，但是毫无疑问，他最早的艺术启蒙应该是在家庭中完成的。老蒂尔曼作为出色的铜匠，应该给了儿子很多耳濡目染的机会。随后他应该在奥斯特罗德或者埃尔福特的雕刻匠人那里做过学徒。（埃尔福特是14至15世纪德国中部最重要的城市之一，城市中经济繁荣、文化氛围浓厚。）

尽管还没有发现有关芮门施奈德在埃尔福特学艺的确凿证据，但是通过对其作品的研究可以发现他与埃尔福特之间一直保持着密切联系——芮门施奈德曾经完成过一批雪花石膏雕刻，比如现存于美国克利夫兰艺术博物馆的《圣哲罗姆与狮子》（*Hl. Hieronymus mit dem Löwen*）（1490—1492年）或者法国巴黎卢浮宫的《圣母领报》（*Verkündigungsmaria*）（1495—1496年）等，这些雕刻最初就都是在埃尔福特的本笃会修道院圣彼得教堂中被发现的。（图2-1）

如果我们将这些雪花石膏雕刻与芮门施奈德创作的其他木雕石雕进行风格比对，那么就会很容易发现它们之间的密切关系。比如《圣哲罗姆与狮子》，无论是从它的整体结构、人物的姿态，还是织物的形式，圣哲罗姆与米内尔施塔特《玛德琳祭坛》基座中的“圣徒”都完全一致，而圣哲罗姆的容貌、表情、身形、气质几乎可以看作是圣马可与圣路加两尊雕刻的集合。再如《圣母领报》，圣母的跪姿就完全继承了米内尔施塔特《玛德琳祭坛》左翼浮雕上的圣玛德琳，而圣母的脸形又与班贝格主教座堂中《皇帝石棺》的立面浮雕“汤碗神迹”上的库尼贡德一致。（Krohm：1999，pp. 47－48；Kalden－Rosenfeld：pp. 43，126－134）

我们现在只能大概推测，芮门施奈德应该是在1472至1474年之间开始正式拜师学艺的。按照当时的惯例，学徒最初都要经历一个为期2到4周的测试期，在这个阶段他将被师傅评判将来是否适合从事所学的行业。通过测试期的学徒将被师傅带往所属行会进行公开注册，然后正式开始长达2至6年的学艺生涯。在学艺期间，师傅会把学徒留在自己的家中学艺，并负担学徒的食宿，但是学徒在此期间没有任何收入。

当芮门施奈德结束了他为期4年[13]的学徒生涯之后，他已经掌握了最基本的雕刻技艺。作为一个刚刚出师的年轻人，他像其他青年匠人一样走上了游学之路。虽然游学并非强制规定，但是对于青年工匠们而言，四处游走是进一步丰富学识和完善手艺的一个非常重要的过程，特别是通过实地走访那些技艺发达的手工业城邦，有助于让这些年轻的手艺人们收集到新的素材，掌握新的风格样式，形成全新的艺术创意。

蒂尔曼·芮门施奈德游学的第一站应该是维尔茨堡，因为根据教会的档案，1478年他的伯父尼古劳斯去世，1479年芮门施奈德自己放弃了教职，这时他应该已经确立了日后的发展方向。

虽然我们无法找到芮门施奈德游学的文字记载，但是通过他的作品风格我们还是能够对他的这段经历有所了解。蒂尔曼·芮门施奈德的作品特点还是很鲜明的，他一方面追求以写实的手法去刻画形象，另一方面又赋予他所创作出的人物一种强烈的忧郁气质。毫无疑问，在艺术上对蒂尔曼·芮门施奈德产生过巨大影响的是两座南德城市——斯特拉斯堡

13. 当然也很有可能会是6年。虽然很多地方的行会对学徒的时限并没有明确规定，但是根据约定俗成的习惯，雕刻工匠的学徒期最少应为4年，这也是所有工匠行业中学习时间最长的。此外，从15世纪开始，很多行业都有延长学徒期的倾向。相关规定见于维尔茨堡圣路加兄弟会的《行会章程》（Kemperdick：pp. 77）

和乌尔姆。因为大教堂的兴建，从13世纪开始斯特拉斯堡就成为年轻的石匠和木匠必须游历的地方。在15世纪中叶，莱顿的尼克劳斯·杰哈尔德（Nicolaus Gerhaert van Leyden，约1420—1473年）的到来，更为斯特拉斯堡提高了艺术声誉。乌尔姆是斯特拉斯堡在艺术上最主要的竞争对手，乌尔姆的汉斯·穆齐尔（Hans Multscher，约1400—1467年）是杰哈尔德之前德国最重要的雕刻家，其后又相继涌现出老约尔格·塞尔林（Jörg Syrlin der Ältere，约1425—1491年）和米歇尔·埃尔哈特（Michel Erhart，约1440—1522年）这样的一流艺术家。

蒂尔曼·芮门施奈德艺术风格中的写实主义倾向，体现出尼克劳斯·杰哈尔德对他的影响之深——芮门施奈德很可能在杰哈尔德学生的工作室修习过一段时间。至于他是否曾经沿着莱茵河继续向北游历，是否到达过特里尔以及尼德兰等地区，这些情况我们今天已经不得而知。

除了雕刻艺术，还有一个新兴的艺术门类曾对芮门施奈德产生过同样深刻的影响，这就是当时刚刚在德国兴起不久的版画。生活在阿尔萨斯地区科尔马的马丁·松高尔（Martin Schongauer，约1445—1491年）是当时德国最杰出的版画艺术家，至今我们还能在芮门施奈德的很多作品中找到松高尔的铜版画的影子。因此，芮门施奈德也有可能从斯特拉斯堡继续向南，在松高尔门下学习过。

三、中世纪晚期的帝国

蒂尔曼·芮门施奈德艺术创作最活跃的时期大约是从1475年一直到1525年。这也正是德国从中世纪晚期向近代国家过渡的社会变革期。

在国家政治上，神圣罗马帝国的中央权力日渐崩坏，整个国家进一步走向封建分立。由哈布斯堡家族所掌控的帝国威权因为德意志的分权政治传统——从1356年确立的《金玺诏书》到马克西米利安一世（Maximilian I，1493—1519年）推动的政治改革宣告失败——而被一再削弱。没有任何一位皇帝可以结束帝国内部大大小小数以百计的封建领主各自为政的局面；而为了追求家族利益，哈布斯堡家族一方面放任德国的分裂，另一方面则转向在德意志国家境外不断扩张势力，相继取得勃艮第、尼德兰、匈牙利、波西米亚、意大利北部和西班牙的统治权，将大半个欧洲收入囊中。

在宗教信仰上，基督教同样也面临着严重的危机。罗马教皇利用神圣罗马帝国中央威权的虚弱，抓紧时机在德意志领土上扩张其政治和经济影响力，通过大肆售卖赎罪券（Ablass）把德国变成罗马教廷最重要的财政来源。

政治与宗教的全面腐败，成为引发欧洲中世纪晚期社会巨变的总体背景。民间对这种社会乱局的反应也充满矛盾。一方面是人们对教会腐败特别是销售赎罪券进行激烈抨击，要求改革教会，激烈者如扬·胡斯（Jan Hus）被教廷判决火刑处死，引发了席卷整个波西米业的“胡斯起义”；而另一方面，普通人头脑中装着的还是一个充满迷信和蒙昧的精神世界，在他们的信仰中有着数不清的需要顶礼膜拜的圣徒偶像，每个地区、每个行业都有它们自己专属的主保圣人，各地教堂则四处搜罗各种圣髑圣物用来供奉，几近达到疯狂的地步。被封为圣人的图林根的伊丽莎白，遗体尚未入葬就遭到信徒们的哄抢。在圣伊丽莎白入殓时，信徒们不只是撕扯她的裹尸布，他们还一哄而上去剪她的头发和指甲，最终还剪掉了她的耳朵和乳头。

应该说，对国家、对社会、对宗教进行全面的改革已经到了迫在眉睫的时刻。德国的宗教改革运动正是在这种背景下应运而生的，宗教改革同时也是一次民族和社会共同觉醒的运动。[14]

在地方的政治生活中，封建领地[15]与（自由）城市之间、权贵等级与下层等级之间不断加剧的对立成为德国南部政治生态中最主要的两大矛盾。

在1500年前后，雕刻家们主要还是生活在大大小小的城市中。长期以来，城市都是高度组织化的，城市的权力一般都集中在城市贵族手中。与广大的封建领地相比，商业和手工业发达的城市其财政实力也更为雄厚。在宗教改革发生之前的50年间，城市在结构上整体是稳定的，并且经历了一个较为快速的发展时期。从15世纪70年代开始，德国的城市已经彻底摆脱了黑死病的魔影，城镇人口开始全面恢复增长，城市生活越发富裕，同时也引发了高速的通货膨胀[16]，贫富差距不断拉大。城市的财富在50年时间里增长了4倍，因为分

---

14. 1517年10月31日，马丁·路德在维滕堡发表《九十五条论纲》批判罗马教廷售卖赎罪券，成为德国宗教改革运动的正式开端。

15. 封建领主在这一时期也开始尝试推行各种改革，他们采用现代手段管理国家财政，委任专业人员处理日常政务，参照“罗马法”修订邦国内的律法，通过确立长子继承制将分裂的领地重新统一起来。

16. 因为在波西米亚和萨克森等地发现了新的银矿，一方面助推经济增长，另一方面导致通货膨胀。

配的不均衡，富人愈富穷人愈穷。城市中的普通市民生活愈发困难，城市生活因为农业歉收、瘟疫传播和农民暴动而时有动荡。1476年在弗兰肯地区爆发了被称为“吹笛手尼克劳斯豪森（Pfeifer von Niklashausen）”的起义，1493年“鞋会（Bundschuh）”在上莱茵地区起义，1514年是施瓦本地区的“穷人康拉德协会（Bund des Armen Konrad）”起义，民间不满的情绪不断积压，到1524至1525年最终爆发了席卷德国大部分地区的农民战争，成为这一系列反抗的高潮。当时德国流传着一则民谚：如果有人在1523年没有因病死去，在1524年没有被洪水淹没，在1525年没有横遭杀戮，那么对他而言就算是遇到了神迹。在历史上很少有一个时代，在短短几年中就有那么多天灾人祸以及末日预言出现。这一切都是人口和经济等结构性问题所引发的结果。（Kirsch：pp. 141）

在这一经济高速发展的过程中，南德城市发生的变化比绝大多数欧洲的其他地区都更为深刻和剧烈：在黑死病爆发之后大量乡村荒芜，新的工商业手段诞生，欧洲传统的核心经济部门衰落（比如意大利的纺织工业和北德的汉莎同盟）。人口增长、不断提高的富裕程度和越发不均衡的财富分配，这些都对艺术创作（或者更准确地说是生产）造成直接的影响。

大部分木雕工匠生活在德国南部地区，大致范围还包括阿尔萨斯、瑞士北部和奥地利。整个区域辐射到西部的孚日山脉、东部的波西米亚森林、北部的美茵河以北的山地地区、南部的蒂罗尔，大致囊括了帝国境内四大行政区——上莱茵区、施瓦本区、弗兰肯区和巴伐利亚区。[17] 通过贸易关系，南德地区的木雕一直影响到西里西亚乃至波兰，比如与蒂尔曼·芮门施奈德同时代的著名雕刻家维特·史托斯就曾经为波兰当时的首都克拉克夫制作过大型祭坛。

南德地区在当时是德国境内最密集的城市地带，这里分布着众多城镇，手工业发达，水陆交通便利，同时也为众多雕刻家提供着生计。这些城市大致分成3种类型，其中有直接隶属于皇帝的帝国自由城市如纽伦堡、奥格斯堡、乌尔姆、斯特拉斯堡，也有受主教管辖的主教驻地城市如维尔茨堡和班贝格，还有隶属于封建封侯的诸侯辖地如慕尼黑和兰斯胡特等。

17. 神圣罗马帝国皇帝马克西米利安一世在1512年颁布的行政改革方案中，为了强化中央政府对地方的控制，便于征税征兵，将帝国划分为10大行政区进行管辖。

拥有发达的工商业是实现富裕而活跃的城市生活的基础。纽伦堡的金属铸造业在帝国境内首屈一指；奥格斯堡拥有发达的金融业；乌尔姆是南德地区的纺织业中心；斯特拉斯堡则以贸易枢纽身份成为重要的商业中心，它控制着从意大利到尼德兰以及从东欧到法国的交通命脉；以维尔茨堡为首的下弗兰肯地区是德国重要的葡萄酒产地，酿酒业是这座城市最重要的经济部门。

当时神圣罗马帝国在政治上的封建分裂局面对雕刻家的艺术创作影响并不大，甚至对独立的艺术家在市场竞争中提供了某种程度的保护。比如在维尔茨堡，城市拥有大量现成的手工作坊和工匠，这是不断培养新人并完善他们的技艺的重要前提。此外，教会充裕的财力和大量工程项目，能够养活这些手工工匠，甚至协助他们向周边地区（市场）扩大影响力，比如蒂尔曼·芮门施奈德为帝国自由城市罗腾堡制作了数座大型的木制祭坛，还为班贝格主教区完成了《皇帝石棺》。

城市的社会结构体现为森严的等级制。以纽伦堡为例，生活在这座城市里的人被划分为五个阶层。当地42个最大的商业家族组成了城市的最高等级，他们把持着城市最高行政机构市政委员会（Ratskollegium），家族之间互为姻亲，政治权利在家族内继承。第二等级由大约400个富有家族占据，他们充任市政官员，或者成为律师、医生这样的高级专业人才，有些成功的艺术家也能够被吸纳为第二等级中的一员，比如丢勒。第三等级是真正的中产阶级，大多是手工工匠师傅（也就是取得“工匠大师”资格的技艺娴熟的工匠）和小商人，在16世纪中期纽伦堡有超过5000名技能娴熟的手工工匠，他们是纽伦堡发达的手工业的基础。第四等级是帮佣和日薪雇工，包括手工作坊里的帮工，他们中的很多人都没有纽伦堡的市民权——要取得市民权，需要向城市缴纳一笔大约200古尔登[18] 的费用，这对雇工而言是根本无力承担的。构成第五等级的人包括长期失业者、慢性病患者、乞丐、下层的手艺人、妓女以及从事不“体面”职业的人，比如掘墓人和掏粪工等。第四等级和第五等级属于真正的无产者。而教会中的教士也因各自出身背景不同而被划入不同的等级，高

18. 古尔登（Gulden）是当时德国通用的一种金币单位，有些文献也记作弗罗林（Florin）。由于各地铸币质量差异很大，所以币值并不稳定。其中莱茵古尔登（rheinischer Gulden）被认为品质最为一致——它是莱茵河流域的几个铸币厂根据协议生产的——因此也经常在贸易中被用作兑换和计价单位。当时的银币系统更为复杂，有芬尼（Pfennig）、塔勒（Taler）、赫勒（Heller）、先令（Schilling）和银镑（Silber-Pfund）等，其中银镑不用于支付，只用来记账。在1500年，1个古尔登

级教士往往出身于贵族之家。

在这种特定的政治和社会环境下，木雕工匠自然不能置身事外。他必须拥有城市的市民权，必须是同业行会的会员，他要拥有自己的工作室或手工作坊，培养若干学徒，雇佣一定数量的帮工，他需要按时向城市缴纳税款，而且他生活的富裕程度要远远高于社会平均水平。所有这一切，蒂尔曼·芮门施奈德都在短短数年之内就实现了，而且他还获得了很高的社会名望，最后登上了维尔茨堡市长的职位。

在中世纪晚期的德国和低地国家，伴随着艺术家自我意识的觉醒，他们在政治和经济上崛起，也越来越受到社会的认可，尤其是那些专门为上层社会提供作品的艺术家，他们中的很多人后来都官居高位，广积财富。即便在维尔茨堡这样社会风气还依然保守的城市，蒂尔曼·芮门施奈德事业中的合作伙伴、画家约翰·瓦根克奈希特也于1516年进入市议会，1525年当选为市长——瓦根克奈希特曾与芮门施奈德一同完成了史坦纳赫教区礼拜堂（Pfarrkirche St. Nikolaus und St. Katharina von Steinach）的《受难十字架》（*Kruzifix*）（1516年）。（图2-2）

中世纪晚期社会并不仅仅表现为封建制度的崩溃和新的社会力量的崛起，鲜明的危机意识和强烈的寻求灵魂拯救成为社会巨变在普通人内心深处的投影。在中世纪末期，德国的造型艺术与社会发展开始保持愈发密切的关系，很多艺术家通过他们的作品，表现这个时代的社会面貌和人们的心灵世界。（Laube：1974，pp. 163－167，310－311）

马蒂亚斯·格吕纳瓦尔德（Matthias Grünewald）是德国中世纪晚期最伟大的画家之一，大约在1470年生于维尔茨堡。他最著名的作品是为阿尔萨斯的伊森海姆安东尼特修道院的主祭坛绘制的折翼祭坛画，如今又被称为《伊森海姆祭坛画》（*Bildtafeln des Isenheimer Altars*）。这幅画诞生于1506至1515年之间，祭坛中央最大的一幅镶板画以十字架上的耶稣为主题，画家以强有力的现实主义观念和极具表现力的色彩凸显出耶稣在死前

金币约等于8银镑，或30先令，或240芬尼。这种兑换率通常都会以协议的形式在城市中确定下来。对于当时的薪酬和物价，纽伦堡按日计酬的工匠每天收入为18到36芬尼，年收入在15到40古尔登之间。阿尔布莱希特·丢勒在1509年为法兰克福的雅各布·海勒（Jakob Heller）制作的祭坛镶板画收取了200莱茵古尔登的酬金。同年，丢勒为他在纽伦堡的居所支付了275莱茵古尔登以获得终生租赁权，1526年，他又支付了216莱茵古尔登取得了这座房子的永久产权。而维特·史托斯在1496年返回纽伦堡后，他支付了800古尔登购得了一处宅邸。（Baxandall: 1984, pp. 8-10, 204）

图 2-2：史坦纳赫的《受难十字架》

图 2-3：《伊森海姆祭坛画》

所承受的痛苦——耶稣扭曲的双手，手掌向上钉在十字架上，钻心的疼痛引发肌肉的抽搐让十指挣开着指向天空。纯黑的底色，与画面中耶稣身体的棕色、圣徒身上的红色以及白色形成一种呼应。耶稣被塑造成一个普通农民的形象，耶稣的肤色仿佛在暗示他溃烂的皮肤，这是格吕纳瓦尔德在借用这一宗教题材表达现实中德意志全民的苦难。（图2-3）

在中世纪晚期，艺术家已经自觉地开始把人与自然作为艺术表现的对象。同时艺术具有了新的价值，它帮助人们认识世界、改善人性。特别是在胡思运动的影响下，中世纪的宗教素材被重新思考，并直接用于对社会现实的表现。圣经故事、圣徒传说和传奇都被借用来表现现实中的生活。在这种文艺思潮的影响下，一批优秀的艺术家涌现出来，如阿尔布莱希特·丢勒、蒂尔曼·芮门施奈德、老卢卡斯·克拉纳赫、马蒂亚斯·格律内瓦尔德、汉斯·荷尔拜因父子、彼得·布罗伊尔等。

艺术在当时，很重要的一项功能就是用来批判教会、歌颂宗教改革、反映社会现实。

图 2-4：（左）彼得·布罗伊尔的木雕《歇脚的基督》（*Christus in der Rast*）（1500 年）
（中）丢勒的木版画《歇脚的基督》（*Christus in der Rast*）（1511 年）
（右）汉斯·塞巴尔德·贝哈姆（Hans Sebald Beham）的木版画《受难的基督》（*Der Schmerzensmann*）（1527年）

与此同时，艺术家也开始以人文主义的观念塑造人的形象，以回答那个萦绕在世人心头亘古不变的问题：人的价值是什么？生命的意义又是什么？于是在这个时期，人的形象开始立体起来，我们在艺术家笔下看到的是独立的、自觉的、自主的人。这种“全新的人”成为人们所追求的一种新形象。这种观念在艺术中得到全面的表现，哪怕是在宗教绘画中人的形象也变得鲜活真实，比如丢勒绘制的镶板画《四使徒》（*Die vier Apostel*）（1526年）；这一观念在雕塑艺术中则主要以芮门施奈德的作品展现得最为突出。（Laube：1974）

在众多艺术作品中，艺术家的笔触开始不再仅仅表现上层社会的生活，而是转向直接刻画普通人的形象，从而表现出德国艺术家对贫苦的下层人民——尤其是德国广大农民的同情。特别是在德国农民战争爆发的前夜——从16世纪初开始，德国农民以及普通市民阶层的生活每况愈下，他们都挣扎在更为悲惨的生活境地中。在这一时期，德国的艺术家们怀着深切的同情，用他们的画笔和刻刀记录下了那个时代。（图2-4）

1514年，丢勒又完成了他最著名的版画作品《忧郁 I》（*Melencolia I*），画中主人公的姿态与《歇脚的基督》几乎一致。最终，这两幅作品所表达的情感——耶稣所承受的痛苦、天使心中的忧伤——被融为一体，痛苦与忧伤正是那个时代被压迫的德国农民无时无

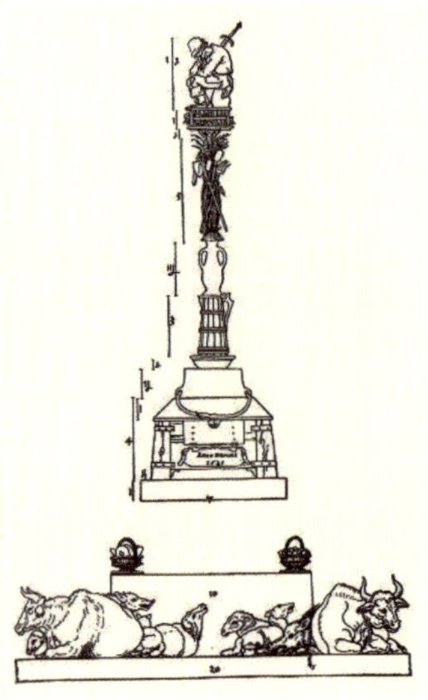

图 2-5：丢勒的木版画《农民战争纪念柱》（*Gedächtnissäule für den Bauernkrieg*）设计图（1525年）

刻不在承受着的。1525年，随着轰轰烈烈的德国农民战争被封建贵族和教会势力联合剿灭，丢勒萌生了为起义农民树立一座纪念碑的念头，他绘制的设计稿后来被制成木版画保留至今。在纪念碑的顶端，是一个坐在石台上休息的农民，农民被人从背后深深插入了一把钢刀。（图2-5）

传记作家列奥·布鲁恩（Leo Bruhn）曾经这样评价芮门施奈德："无论是在历史上还是在当代，从来没有一位德国艺术家像蒂尔曼·芮门施奈德一样与他的人民如此心心相通。"（Kirsch：pp. 286）

蒂尔曼·芮门施奈德既是德国农民的同情者，又是农民战争的支持者。也正因为此，在农民起义被镇压之后，芮门施奈德遭到了当权者们的反攻倒算，他不仅被剥夺了所有地位和名誉，还一度被投入维尔茨堡主教私设的地牢——这座地牢就是为严惩叛逆而设的——在那里他遭受到刑讯拷打，经历九死一生才活了下来，但是据说他的双手已经因为酷刑而残废了。1526年，芮门施奈德创作了他最后一件杰出的作品——麦德布隆熙笃会女修道院中的石雕《悲悼基督》（*Beweinung Christi*）。雕刻中，那些因耶稣之死而悲痛欲绝的男女形象并不单纯只是《圣经》中的人物，他们其实也像芮门施奈德一样，是生活在那个时代普普通通的德国人。这件作品不仅表达了作者——同时也在表达着每一个经历过农民战争的普通人——对这场以争取自由为出发点的伟大革命的牺牲者的深切悲恸。此外，芮门施奈德的一生，同样也可以看作是那个时代德国人民的命运缩影——他们在从中世纪走向近代社会的道路上，苦痛而执着。（图2-6）

图 2-6：芮门施奈德的石雕《悲悼基督》

第三章　芮门施奈德的事业与维尔茨堡

在中世纪，维尔茨堡是一座由采邑主教（Fürstbischof）管辖的城市。一方面，维尔茨堡主教是整个维尔茨堡教区的最高神职人员，同时他还是帝国世俗封侯的一员，在名义上以公爵职衔领有广袤的弗兰肯公国（Herzogtum Franken）。

在中世纪的德国，“弗兰肯”并不是一个实际统一的行政区域，1500年7月奥格斯堡帝国会议虽然将弗兰肯设立为独立的帝国专区（Reichskreis），统辖从弗兰肯-萨勒河到阿尔特米尔河之间的整个美茵河上游和中游地区（所辖范围基本相当于今天德国巴伐利亚州上弗兰肯、中弗兰肯、下弗兰肯三大行政区），但是弗兰肯专区内包括了众多独立的封建领地和自由城市，如班贝格、维尔茨堡、艾希施泰特三大采邑主教区，纽伦堡、罗腾堡、温茨海姆、施韦因富特和魏森堡5座帝国城市，还有数不清的侯爵和伯爵封地、帝国骑士领地，以及条顿骑士团辖区。

每一片独立领地都因为独特的历史渊源和自然环境而发展出自己特有的文化风貌和中心城市，相应地它们对画家和雕刻家也都提出不同的要求和期待。因此，在蒂尔曼·芮门施奈德时代，弗兰肯地区内没有形成统一的艺术图景，相反，每一个中心城市都发展出完全不同的艺术风尚。见微知著，德国南部地区在那个时代的艺术发展还是非常多样化的。

弗兰肯地区的艺术中心主要是4座城市，其中有3座城市分别是三大采邑主教的驻地——班贝格、维尔茨堡和艾希施泰特，另外一座是自由帝国城市纽伦堡。纽伦堡通过发达的手工业和繁荣的商贸，与南方的意大利在文化艺术上保持着密切联系。

这些城市的文化影响力辐射到它们周边的乡村城镇，艺术工匠或者走街串巷售卖自己的作品糊口，或者通过承接各地的订单维持工作室的运作。

在这种条件下，杰出的艺术家总是通过他们独特的艺术风格与一座特定的城市联系起来。当提到阿尔布莱希特·丢勒，人们就会想到纽伦堡；提到蒂尔曼·芮门施奈德就会想到维尔茨堡。至于那些不怎么知名的艺术工匠，则早已被遗忘在历史中。

蒂尔曼·芮门施奈德在维尔茨堡生活了近半个世纪，其间共经历了3位采邑主教的执政时期。他的个人际遇原本一路顺遂，从最初的工场帮工，历经行会工匠、城市市民、市政议员，一步步走上这座城市金字塔的尖峰，成为维尔茨堡市的市长；但命运仿佛又在捉弄他，他身处人生的巅峰，却没想到还会突然坠落至一生的谷底——从人上人到阶下囚竟只是一步之遥——他被领主投入牢狱，他的才华从此不再被人眷顾，最后只能在郁郁寡欢中终了一生。芮门施奈德如此跌宕浮沉的人生，竟都是在维尔茨堡这座城市上演的。而所有这一切，又都要从维尔茨堡这座城市说起。

一、维尔茨堡

与多瑙–莱茵河畔那些知名的德意志古城不同[19]，美茵河畔的维尔茨堡是一座由凯尔特人定居点发展起来的都市。686年，爱尔兰传教士基利安（Kilian）带着他的助手克罗纳特和图特南（Kolonat und Totnan）来到法兰克公爵驻地维尔茨堡传播基督教，遭到公爵的情人盖拉纳（Gailana）陷害而被杀，基利安之死被后世视为殉道，这也成为日后圣徒基利安崇拜的起源。

维尔茨堡在12世纪中期曾经是德国政治的中心。1156年，维尔茨堡主教主持了神圣罗马帝国霍亨施陶芬王朝的腓特烈一世皇帝与勃艮第女继承人比阿特丽斯的婚礼。1168年，帝国议会在维尔茨堡召开，腓特烈一世皇帝加封维尔茨堡主教为“弗兰肯公爵”，使他成为兼管教俗的帝国诸侯。但是到15世纪末，维尔茨堡昔日辉煌的地位早已没落，在整个神圣罗马帝国的政治版图中，这座城市只具有地区性的影响力，当地人的主要经济活动是酿造葡萄酒，城市周边的山丘上种满了一排排的葡萄。根据现存的官方普查数据，维尔茨堡

19. 如雷根斯堡、奥格斯堡、美因茨、特利尔、科隆等，它们最初都是由罗马人兴建的。

图 3-1：版画《维尔茨堡》

在1512年有大约5300名常住人口，到1525年，常住人口的数量约为9000人。作为采邑主教的驻地，这座城市笼罩在浓重的基督教氛围中。城市中生活有大量教士和僧侣，像教堂和修道院这样的教会机构随处可见。为了管理教区事物，城市中还设有规模庞大的教会行政当局——主教官厅[20]。此外，专门负责主教安全的卫护部队驻扎在美茵河对岸的圣母山玛利恩城堡内，整个维尔茨堡市隶属教会的神职人员多达近千人。（图3-1）

从13世纪中叶开始，德国的市民阶层开始不断壮大，他们为了与教会争夺城市的控制权而展开长期激烈的交锋——在维尔茨堡，市民与采邑主教的对立也愈发尖锐，矛盾的根

20. 主教官厅（der bischöfliche Hof）一般是指主教教区的核心行政机构，它包括该教区的所有重要教士，如主教（Bischof）、座堂咨议会教长（Dompropst）、座堂首席教士（Dechant）和整个座堂教士咨议会（Domkapitel）。

源主要是教会享有一系列经济上的特权。比如教士在维尔茨堡享有免税权，在从事商业活动时，教士可以从城市提供的公共服务中获得便利，却不需要向城市缴纳租税和关税。这不仅直接加重了市民阶层的经济负担，而且还导致普通市民在市场竞争中处于极其不利的地位。因此，为了对抗主教官厅的力量，在维尔茨堡主教辖区内，以维尔茨堡市为首的众多市镇共同组织起"城市联盟（Städtebünden）"，它支持维尔茨堡市议会不断扩大"城市自治权"，试图将维尔茨堡变成直接隶属皇帝的"自由帝国城市"，彻底脱离采邑主教的控制。在随后一系列城市与主教的斗争中，城市中的各种"手工业和商业行会（Zunft）"[21]是抗争的中坚。根据1373年的一份记录，当时在维尔茨堡市有37所行会，其中有10所行会与葡萄种植有关，这也从一个侧面证明了葡萄酒酿造和贩卖是当地的经济支柱。行会与教会之间龃龉不断，采邑主教则对不服管束的行会厉行取缔。

围绕城市的控制权，市民阶层与教会之间的争斗在随后的一百多年时间里互有胜负，其间还曾数次引发战争。1400年爆发的"贝格特海姆之战"是两派政治力量之间的一次总对决，但是结果很不幸，代表市民阶层利益的"城市联盟"军队大败，起义军首脑或被斩首或被投入美茵河淹死，维尔茨堡市政委员中的4人——他们都出身于城市贵族——更是在维尔茨堡的城门被枭首曝尸。残酷的镇压极大削弱了反抗者的力量，城市向教会支付的巨额战争赔款需要40年才能偿清，维尔茨堡市从此被彻底收入维尔茨堡采邑主教的囊中。[22]

贝格特海姆战役之后，拥有24名市政委员的维尔茨堡市议会（Stadtrat）被完全置于采邑主教和座堂教士咨议会（Domkapitel）的监护之下，它原有的行政功能几乎丧失殆尽，只能负责处理日常的城市公共设施维护事项和维持市内社区治安。在日常行政方面，采邑主教更加倚重由他指派的顾问机构——上级咨议会（der Obere Rat）。上级咨议会由14名参议员组成，市民和教士各占7人；属于市民的7名代表中，有3人同时也是市议会的市政委员，另有3人分别是当地葡萄酒贸易、面包烘焙和牲畜屠宰3大商业团体的代表，还有一名

21. 行会是由手工业者和商人依据各自所在的行业组成的同业合作团体。城市手工业者作为特定的"社会等级（Stand）"，行会是他们在国家政治生活中保护同业共同利益的代表。

22. 贝格特海姆战役前后，由于担心被战火波及以及战后教会力量的反扑，维尔茨堡大批商人家族——包括主要的城市贵族家庭——举家迁往其他帝国城市，如临近的纽伦堡或奥格斯堡。

是城市手工业者和手工艺人的代表。[23] 14名参议员全部由主教和教士咨议会直接任命。上级咨议会的任务是全面监管城市并保证当地经济的正常运转，包括规范市场、管理工匠、审定行会的各项规章、确定度量衡标准，以及相关的司法事务。

自1466至1495年在鲁道夫二世·冯·席琳贝格主教当政的近30年时间里，教会与城市的矛盾一度有所缓解。席琳贝格主教的统治较为开明，他大力推动教会内部的改革，主张取消教士的特权。通过对教区财政的整顿，他赎回了大片被抵押出去的教产；他还建立起相对公平法治的市场环境，重振了地方经济。因此，人们把他看作是一位强力而公正的主教。

二、维尔茨堡的艺术行业

在中世纪中后期的德国，生活在城市中的商人和手工匠人开始根据各自的行业特点自发组织起来，为保护自身的政治经济利益而成立了各种同业行会。早期的行会并没有取得过官方的认可，行会运作大多依据约定俗成的行规，还没有形成成文的规章。

在14世纪，行会开始迅速发展，到15世纪后期，随着社会经济环境变得愈发复杂，行会系统也最终成熟，各种行会获得政府承认，同时也颁布正式的章程。应该说，行会首先是一个仲裁机构，它负责协调解决合约委托人与执行人之间的法律纠纷；其次，它负责制定产品的质量标准，并监督产品的生产过程；再次，行会规范了行业内学徒的培养与考核机制；最后，行会的根本作用是维护本地商人和手工工匠们的利益——它一方面要排斥外来者在市场上的竞争，同时也要协调本地从业者的利益，防止他们之间出现不良竞争。

1470年，由画师、雕刻艺匠和玻璃工匠[24] 共同组成的同业公会——“圣路加兄弟会（Bruderschaft des heiligen Lukas）”[25] ——最终获得维尔茨堡地方当局的认可，正式成为

23. 上级咨议会成立于1300年，它的首要任务是对维尔茨堡市议会在行政上进行指导和监管。之所以允许市民阶层成员（城市贵族、大商人、手工业者）加入上级咨议会，是为了应对市民阶层对政治经济权利的强烈要求，缓和教会与市民之间的矛盾。

24. 负责绘制和镶嵌彩色玻璃的手艺人。

25. 在欧洲，圣徒路加被看作是画家等艺匠的主保圣人——相传正是他绘制了圣母玛利亚的第一幅圣像——这一事迹也一再出现于中世纪晚期的绘画中，比如尼德兰画家罗希尔·范·德·维登的代表作之一《圣路加为圣母画像》（*Saint Luke Drawing the Virgin*）（1435至1440年）。

当地23个工商业行会中的一个。

作为维尔茨堡市手工业者的最高监管机构，上级咨议会还为圣路加兄弟会颁布了《行会章程》。《行会章程》详细规定了兄弟会成员的执业范畴、仲裁程序以及对违规行为的处罚，此外还围绕着学徒培养和获取工匠资格等事宜做出了种种规定。由于圣路加兄弟会在某种程度上是一个宗教性组织，在《行会章程》的最后两章，它对兄弟会成员的宗教行为作出要求：成员需要定期聚会举行弥撒，还要为过世的成员料理丧葬。

根据现存资料，1501年维尔茨堡圣路加兄弟会登记在册的工匠共有33人，其中有26位玻璃工匠和画师，7位雕刻艺匠。[26]而在1470至1522年之间，总共有63位工匠是圣路加兄弟会的成员，其中只有8人被登记为雕刻艺匠与28人玻璃工匠、画师人相比较，当时在维尔茨堡单纯从事雕刻工作的手艺人并不多。（Kemperdick：pp. 76）

虽然维尔茨堡在政治和商业上已经无足轻重，但是它依然可以被看作是当时德国雕塑艺术的中心之一。特别是维尔茨堡就在美茵河畔，在交通上有得天独厚的优势，同时维尔茨堡采邑主教统领着大片领土，为市内的木雕工匠提供了庞大的销售市场。在芮门施奈德之前，维尔茨堡的雕刻手工业就已经在蓬勃发展，维尔茨堡的雕刻艺术品不仅牢牢占据着本地市场，而且还对周边地区大量出口，并且在很多地区形成过垄断局面。这为维尔茨堡雕刻艺术的进一步发展提供了条件，因为此时的雕刻匠人们可以依靠外部市场生存下去。比如如今陈设在富尔达主教座堂中的一件《慈悲圣母》（*Schutzmantelmadonna*）木雕，就是由维尔茨堡雕刻家完成的。[27]

此外，维尔茨堡的雕刻品不仅出口规模庞大，而且在形式上也以大型的折翼祭坛为主。比如在克雷格林根的圣父教堂，那里不仅陈设有芮门施奈德的代表作《玛利恩祭坛》，而且还有一座《基督受难祭坛》（*Passionaltar*）。这座祭坛就是出自维尔茨堡另外一位雕刻家之手。

26. 其中有很多人从15世纪中叶就已经在维尔茨堡本地从业了。

27. 维尔茨堡输出的雕刻艺术品已经逾越了维尔茨堡主教辖区的边界，比如北部的富尔达市隶属于美因茨大主教区富尔达修道院辖区。而芮门施奈德的作品的影响范围更广，先后出现在维尔茨堡主教区以东的班贝格主教区（班贝格、布滕海姆、希罗德斯贝格）和艾希施泰特主教区（柯兰施瓦岑劳厄），以及西边的美因茨大主教区（格罗斯奥斯特海姆）。

在蒂尔曼·芮门施奈德之外，维尔茨堡还有其他几位较为出色的雕刻家，他们的作品也各具特色，体现出不同的个人风格。其中与芮门施奈德同时期最重要的一位雕刻家是乌尔里希·哈根福特尔（Ulrich Hagenfurter），他不仅为维尔茨堡的玛利恩礼拜堂制作过圣母雕像（战争中被毁），而且还收到过施韦因富特和埃博施塔特两座城市发来的官方订单。

三、定居

1483年冬，23岁的蒂尔曼·芮门施奈德结束了他的游学生活，再次来到维尔茨堡——也是在这一年，芮门施奈德的父亲过世。此时的芮门施奈德应该生活相当窘迫，四处游学虽然丰富了他的经历，但是他大概不会有什么积蓄。在随后的14个月时间里，他一直在一位名叫哈格夫特（Hagelfutter）的雕刻师傅的工作室中帮工，直到1485年初春，他才正式取得“市民权”，以“木雕匠人（Bildschnitzer）”的身份被政府登记在案。

刚刚落脚维尔茨堡的芮门施奈德，此时还只是一名结束游学不久的青年帮工，要实现扎根于维尔茨堡的目标，他还需要走很长一段路。作为艺匠，只有一条路能够让他在这座城市最终立足，那就是拿到“工匠大师（Meister）”[28]的头衔；而他即将迈出的第一步，是要首先在维尔茨堡取得正式的“艺匠”资格——也就是说他要成为艺匠同业行会（圣路加兄弟会）的正式一员，然后完成一件质量上乘的作品，并通过行会举行的“艺匠考核”。

1483年12月7日，蒂尔曼·芮门施奈德正式加入了“圣路加兄弟会”，取得了在维尔茨堡的执业资格。作为入会的先决条件，申请者必须是受洗过的基督徒，而且还要家庭背景清白，比如申请者的父亲要从事体面的工作——如果他是行刑的刽子手或走街串巷的杂要艺人，那么申请者会被行会直接拒绝。

获得“工匠大师”头衔的最后一个条件就是申请者必须拥有一间手工作坊。为了避免同业竞争，一座城市中手工作坊的数量是被严格限制的，申请者基本只能靠继承来取得作

28. 工匠大师是独立经营的手工工匠，他拥有自己的工场或工作室，可以独立承接工程和订单，有资格培养学徒并雇佣游学的年轻工匠。并不是所有的手工工匠都可以最终取得“工匠大师”的资格，在很大程度上，能否取得“工匠大师”资格与能否拥有自己的工场或工作室有直接的关系。（Kemperdick：pp. 78）

坊的所有权。对于像蒂尔曼·芮门施奈德这样的外乡人，他当时只有一条路可走——“入赘”——与某位作坊师傅的女儿结婚，或者是娶某位“大师”的遗孀。1485年，芮门施奈德与金匠埃瓦尔德·施密特（Ewald Schmidt）的寡妻安娜·施密特（Anna Schmidt）结婚，这是一位四十多岁的新娘，她带着与前夫所生的3个儿子——还有丰厚的嫁妆——与年轻的芮门施奈德步入婚姻殿堂。在距离维尔茨堡主教座堂不远的方济各会巷有一处大宅，这就是安娜·施密特丰厚嫁妆的一部分。[29] 这次婚姻为蒂尔曼·芮门施奈德带来的，不只是一间运转良好的手工作坊及“市民权”[30]，还为他带来了生命中的第一个孩子，一个名叫格特鲁德（Gertrud）的女儿。[31]（Warnke：pp. 125）

芮门施奈德是否是通过“婚姻”取得了维尔茨堡的“市民权”，其实在官方档案中并没有留下确凿的记载。不过艺术史学者杰哈尔德·维兰特（Gerhard Weilandt）给我们提供了另外一条线索。他通过对中世纪乌尔姆市与艺术家关系的研究发现，当时有很多城市会因为当地迫切的需求而向特定人群颁发“市民权”，这类似我们今天的“引进人才”。因此也有学者认为，芮门施奈德能够获得“市民权”实际上是得益于“人才引进”政策。根据现存档案，当时在维尔茨堡市只有两位正式注册的雕刻师——乌尔里希·哈根福特和米夏埃尔·怀斯（Michael Weiss）。我们可以想象，维尔茨堡作为弗兰肯地区的宗教中心，对高质量的雕刻品有着极大需求。这应该就是芮门施奈德重返维尔茨堡的一大原因，他要用精湛的手艺征服维尔茨堡乃至弗兰肯地区，闯出一片完全属于自己的天地。而且，他的伯父尼古劳斯·芮门施奈德也已经在这里为他铺排好人脉，这也将有助于他事业的快速发

---

29. 这座房子被称作“Hof zum Wolfmannsziechlein”，如今作为蒂尔曼·芮门施奈德故居被保留下来，是维尔茨堡市内的景点之一。

30. 在中世纪的德国，要获得某座城市的“市民权”通常只有3种方法：第一种是生在该城“市民”之家，是“市民”婚内的子嗣，从而自动取得“市民权”；第二种类似“投资移民”，是申请人向这座城市的市政当局支付一大笔钱以购买“市民”资格，这往往也是外乡人取得“市民权”最常用的办法；第三种方法类似“婚姻移民”，外乡人可以通过与“市民”结婚来获取“市民权”。成为“市民”后，可以享有一定的政治经济权益，同时也要承担相应义务，比如缴纳捐税和短期服役。

31. 关于这位女儿，也有学者认为她应该是蒂尔曼·芮门施奈德与第二任妻子所生。（Andergassen：2004）

展。[32]（Kemperdick：pp. 73）

蒂尔曼·芮门施奈德的事业之所以能够在维尔茨堡快速而顺利地发展，其实始终都与维尔茨堡教会有着千丝万缕的联系。他在正式注册成为维尔茨堡的雕刻匠人之后，他的个人命运就与教会紧紧捆绑在了一起。他在事业起步时就能够一再获得教会委托的订单，毋庸置疑这是与他伯父尼古劳斯·芮门施奈德有很大关系的。尼古劳斯一直与维尔茨堡教会中的实权人物关系密切，我们可以看到鲁道夫二世·冯·席琳贝格主教是蒂尔曼·芮门施奈德早期的庇护人，其后的劳伦斯·冯·比普拉主教是他最主要的赞助者——当然，最后将芮门施奈德推向绝境的力量也同样来自教会，为首的就是康拉德二世·冯·廷根主教。[33]

鲁道夫二世·冯·席琳贝格生于1401年，65岁才登上维尔茨堡采邑主教的宝座，其后统治维尔茨堡教区长达近30年。这位主教是一个恪守教义、强调禁欲的统治者，他的前任骄奢淫逸，给他留下的是一个负债累累的教区。鲁道夫二世凭借过人的能力清偿了教会几乎所有的债务，并且平息了领地内的骚乱。

劳伦斯·冯·比普拉生于1459年，他早年曾在意大利游历，接受了人文主义影响，他个人具有深厚的文学艺术修养，同时对现实的社会政治形势有着深刻的见解，倡导教会革新，曾与马克西米利安一世皇帝和马丁·路德多有来往，谈及基督教会的改革。作为执政者，劳伦斯主教处处行事谨慎周到，不仅受到民众的爱戴，而且还进一步改善了教区的财政状况。

康拉德二世·冯·廷根生于1466年，于1519至1540年担任维尔茨堡采邑主教。他是一个思想守旧的统治者，极力维护保守力量特别是天主教会的种种特权，当农民起义失败之后，康拉德二世借机对维尔茨堡的市民阶层进行了无情的清算，彻底镇压反抗力量。

四、平步青云

32. 蒂尔曼·芮门施奈德的身高有1.85米，这在中世纪的德国是非常引人瞩目的高度，因此不难推测，仅凭这非同寻常的身高一项，他应该在维尔茨堡市内就享有很高的知名度。并且对他获取最早的几笔订单是有帮助的。（Fröhling & Huck：pp. 21）

33. 这3位主教都出身于弗兰肯本地的世袭贵族家庭。

关于芮门施奈德早期的创作情况，我们现有的了解也还是支离破碎的。在1485年之前，他还只是别人工作室里的帮工，这一时期几乎没有作品传世。他独立创作作品是从1485年拥有自己的工作室才开始的，现存的两件雪花石膏雕刻《圣母领报》（*Verkündigungsgruppe*）和《圣芭芭拉》（*Hl. Barbara*）[34] 都是这段时间的成果——这是两件尺寸较小的作品，《圣母领报》中的天使加布里尔高39.5厘米，玛利亚高41厘米；《圣芭芭拉》的高度是42厘米。此外，芮门施奈德也极有可能在这时开始接洽雕刻《维普林格祭坛》（*Wiblinger Altar*）的事宜——《维普林格祭坛》（1485年之后）是我们现在所知芮门施奈德承接的第一件大型木雕作品，神龛中的圣像高达129.5厘米，折翼上的浮雕高170厘米、宽130厘米。与此同时，芮门施奈德也开始尝试雕刻世俗题材的作品，他制作的第一座墓碑是1487年完成的《骑士艾伯哈特·冯·格鲁姆巴赫墓碑》（*Grabdenkmal des Ritters Eberhard von Grumbach*）。这座高达225厘米的砂岩石碑今天依然立于林帕的圣彼得和保罗教区教堂（Pfarrkirche St. Peter und Paul in Rimpar）内。同样还是在1487年，芮门施奈德雕刻了雪花石膏雕像《圣哲罗姆与狮子》，它的高度是39.7厘米。

进入15世纪90年代，芮门施奈德接手的合约越来越多，他很多前期的重要作品都是在这段时间中完成的，比如1490年米尔内施塔特向他订购的《玛德琳祭坛》。这座非凡的作品只用了两年时间就宣告完工，1492年被正式安置在米尔内施塔特的圣玛德琳礼拜堂中。随后他为维尔茨堡玛利恩礼拜堂制作了《亚当》和《夏娃》石雕，为维尔茨堡主教鲁道夫二世·冯·席琳贝格雕刻了墓碑，又为海因里希二世皇帝雕刻了石棺。今天我们所熟知的德国晚期哥特式大型木雕祭坛——罗腾堡的《圣血祭坛》和克雷格林根的《玛利恩祭坛》，也同样都出自蒂尔曼·芮门施奈德之手。

芮门施奈德在定居维尔茨堡的随后几年时间里，不只事业开展得非常顺利，个人财富得到迅速积累，而且他的社会地位也在快速提升。1494年，在经历了九年的婚姻生活后，芮门施奈德的妻子安娜过世，第二年他迎娶了安娜·拉波特（Anna Rappolt）。拉波特为芮门施奈德带来了一处房产，在7年时间中她还为芮门施奈德生了三子一女。后来，芮门施奈德又经历了两次婚姻，第三位妻子叫玛格丽特·乌兹巴赫（Margarethe Wurzbacher），她

34. 雪花石膏组雕《圣母领报》完成于1485年，现收藏于荷兰阿姆斯特丹国家博物馆；《圣芭芭拉》至今被私人收藏。

是一位铁匠的寡妻，为芮门施奈德带来了一处房产和大片的葡萄园，这段婚姻延续了3年。芮门施奈德在60岁又结了第四次婚，这位新娘也叫玛格丽特（Margarethe）。[35]

在此我们也可以发现，艺术家的专业水准往往是决定他社会地位、政治前途的基础。当芮门施奈德在他创作生涯的前期完成了一系列出色的作品之后——特别是雕刻完冯·席琳贝格主教的墓碑之后——1504年，他正式进入维尔茨堡市议会当上了市政委员，并且很快就被委任了多项职务，包括监管城市的规划建设和防务，以及主管城市的财税等。5年之后的1509年冬季，他又以市政委员的身份进入维尔茨堡的上级咨议会，并成功连任4届，真正进入到地方政治的权力核心。最终在1520年11月，芮门施奈德被推选成为维尔茨堡市市长，登上了他政治生涯的巅峰。[36]

在这里，有必要简略介绍一下中世纪维尔茨堡当地的行政机构。维尔茨堡市拥有上下两级管理委员会，下级委员会也称市议会，负责地方日常的政务，成员为市政委员；上级委员会又称上级咨议会，是辅助维尔茨堡采邑主教进行地方管理的机构，主要负责重要的行政决策和司法事务，它的成员被称为参议员。（Kemperdick：pp. 72）维尔茨堡市议会最早产生于13世纪中叶，经过几百年的发展，到15世纪90年代它已经成为拥有24名市政委员的庞大市政机构，每年都会从市政委员中选出两人担任市长职务，任期一年。要想当选维尔茨堡市议会的市政委员，首先必须是维尔茨堡市的“市民”。虽然从理论上讲，所有“市民”就有资格出任市政职位，但实际上市议会里的位置完全被上流社会成员所把持——他们往往出身于维尔茨堡的名门望族，与本地教会的大小首脑以及周边地区的乡绅贵族有密切的来往。如果一名手工艺人能够担任公职，那么他必须在自己的专业上出类拔萃，而且在社会上享有良好的声誉，受到人们的尊敬。像那些下层社会成员——比如小手艺人、仆人或是打零工的工人——他们是完全被摒弃于市政权力核心之外的。担任市政委

35. 在中世纪的德国，由于人的平均寿命很短——女性的平均寿命只有23.2岁，男性也只有28.4岁，因此人们对婚姻的态度与今天大相径庭，夫妻大多是把另一半当作生命中某一阶段的同行伴侣，再婚现象也是较为普遍的。

36. 虽然担任公职可以获得崇高声望，但是在经济上是划不来的。市政委员的年薪只有12古尔登，上级咨议会议员的收入更少，每年只有2古尔登的津贴。此外，出任公职者日常工作非常繁重，事无巨细都要过问处理，因此，在芮门施奈德担任公职后的相当长一段时间内，他所承接的订单几乎都是由他的工作室完成的。

员职位不仅能够给当事人带来崇高的社会声望，而且还能带来更多其他的好处，比如他将受到教会的保护，在普通的民事官司中享有豁免权。

1505年，已经跻身政务官员的蒂尔曼·芮门施奈德被选为维尔茨堡市的代表，与当地的政要名流一起出城迎接到访的神圣罗马帝国皇帝马克西米利安一世。

五、农民战争的同情者

即便我们以今天的眼光来看，芮门施奈德在1525年之前都是极为成功的——他是一位生活富足且事业成功的雕刻艺术家，他与当地教会上层有着极其密切的私人关系，在维尔茨堡市拥有相当的政治影响力，甚至与弗兰肯地区其他城市的官方机构也有着长期而良好的关系，这些有利的政治资源也帮助他的工作室获得源源不断的订单。

但是审视蒂尔曼·芮门施奈德的思想立场，我们完全有理由相信，他是一位具有人文主义情怀的艺术家，他发自内心同情造反的农民们。但是，与其说他完全站在农民的利益上反抗封建制度，不如把他对维尔茨堡采邑主教的反对看作是中世纪末新兴市民阶层对封建压迫的反抗，是商品经济日益发达的城市对帝国内分封诸侯和采邑制度的反抗。芮门施奈德站在市民的立场，为维尔茨堡争取更多的自由权利，摆脱主教和官厅的控制。

随着1525年反抗压迫和暴政的德国农民战争席卷整个南德地区，多股义军逼向维尔茨堡。一时间，维尔茨堡教会岌岌可危。康拉德二世·冯·廷根主教立刻向维尔茨堡市议会求助，要求城市提供财政和军事援助。但是此时的维尔茨堡市民已经选择站到农民军一方，主教的要求被断然回绝——芮门施奈德和市议会做出一致决定，宣布不再对主教效忠，收回城市的完整行政权，拒绝主教的军队进城。冯·廷根主教不得不仓促逃离维尔茨堡。

但是随着整个农民战争的发展，农民军暴露出越来越多严重的问题，特别是各地农民军大多是各自为战，彼此间缺少配合，此外还有不少投机的贵族混入了农民军队伍，篡夺了起义的领导权，这些都对农民军造成了很坏的影响。到1525年春夏之交，原本攻势如潮的农民军已成强弩之末，贵族领主的军队开始反扑了。

1525年5月末，鉴于军事形势急剧恶化，7000名农民军撤离了维尔茨堡，城内只留下少量兵力。维尔茨堡主教的雇佣军在施瓦本联盟的配合下，从南部的符腾堡一路向北杀来，维尔茨堡周边原本由农民军控制的城镇相继陷落。距离维尔茨堡仅一天路程的柯尼希斯霍芬在圣灵降临节周五被攻克，4000名农民军战死。到6月初，起义农民已经毫无胜望——维尔茨堡周边的起义农民被教会和贵族的联军彻底剿灭，他们很快又将维尔茨堡市团团围困，维尔茨堡最后一次争取自治权的斗争随即宣告失败。市议会最初还抱着一丝幻想，在6月7日派出一支由10人组成的代表团去主教的大营求和，芮门施奈德的名字没有出现在10人代表的名单中，因为他已经被逐出了市议会。但是现实是残酷的，主教一方直接将最后通牒交到了议和代表们的手上。这份最后通牒总共分为5条：惩治首犯和从犯，收缴民间武器，对主教重新宣誓效忠并承认教会特权，禁止城市加入一切同盟，以及赔偿主教在战争中的所有损失——赔款总计高达27万古尔登。如果维尔茨堡市议会在次日清晨六点之前没有开门请降，主教军队将4面攻城，破城之后城内12岁以上居民将全部处死。

面对主教强大的军事力量，市民们在6月8日黎明之前最终选择投降。随着军队正式入城，维尔茨堡教会立刻公布了一份长达195人的首犯名单，芮门施奈德的名字赫然在列。当天有60人被拉到市场广场上当众处决——其中有24个农民，36个市民。市政府的地下室变成了临时监狱，芮门施奈德以“散播不实信息”的罪名被关押于此。第二天，他又与其他39人被押送到美茵河左岸圣母山上的玛利恩城堡继续囚禁。芮门施奈德在城堡的地牢中前后被关押了长达9周时间，其间遭受了无情的刑罚折磨。有传闻称，当8月8日约尔格·芮门施奈德把父亲接出狱时，蒂尔曼·芮门施奈德已经无法行走，他的双手因为酷刑而残废：双手脱臼，手指骨折。

一直到1531年蒂尔曼·芮门施奈德去世，他再也没有创作出全新的作品。[37]

---

37. 尽管芮门施奈德的晚景凄凉，他人生的最后6年没有再留下任何作品，但是他的私人生活仍然是相当富足的。在1526年11月22日的个税申报档案中，芮门施奈德名下有一处名为“Hof zum Wolffmannsziechlein”的房产，该房产在1495年估值240古尔登。此外，芮门施奈德还有17.5摩尔根葡萄园，当时每摩尔根葡萄园售价为32古尔登。以上都是芮门施奈德个人的产业。他的5个儿女在他第四次成婚时，已经从他这里获得了总值达1086古尔登的财产。（Kirsch：pp. 270-271）

第四章　芮门施奈德的艺术特点

15至16世纪是德国雕刻艺术的黄金时期。随着城市经济的发展，德国社会的文化生活也日渐繁荣，特别是在经济发达的德国南部地区，客户巨大的需求带动了祭坛及圣像雕刻的激增。这个时期的雕刻不再以石雕为主，人们更多制作木雕，木质柔软的椴木尤其受到雕刻家的偏爱。当雕刻完成后，人们还会在雕像表面涂上艳丽的色彩，以昭示上帝的荣光。

在1400年前后，在德国南部和捷克波西米亚地区出现了以“美丽圣母（Schöne Madonna）”为代表的“华丽风格”——这一风格也被称为“国际哥特式风格”。“美丽圣母”的特点是突出女性的腰身动感，圣母身上的织物带有流畅的褶皱，并通过织物表面的起伏将人物的体态完美呈现出来。与此同时，“国际哥特式风格”还讲究视觉上的绚丽，当时的雕塑大量采用金箔装饰并配以鲜艳的彩绘。到15世纪中叶，雕塑开始向晚期哥特风格转向，代表人物是尼克劳斯·杰哈尔德，他的作品与此前的雕塑风格相比“更平和，织物上的线条更自由，外形更紧凑，具有强烈的自然主义[38]气息，人物被赋予丰富的内心世界”。（霍维尔：第398页）在杰哈尔德的刻刀下，雕像不再只是形式的无机堆砌，而是根据空间进行组织，雕像拥有严谨的布局、清晰的线条，并且与作品内在的情感相呼应。杰哈尔德的风格逐渐改变了当时德国南部的雕塑艺术观念，到15世纪末，德国的雕刻艺术全面突破传统而保守的哥特式风尚。蒂尔曼·芮门施奈德是这一时期的代表人物，他

---

38. 在14世纪末，自然主义倾向就开始逐渐出现于雕塑艺术，一些十字架上的耶稣开始戴上用真人头发制作的发套，以及用植物枝条编织的荆棘冠，用以增强圣像的真实感。（雷希特：第245页）

与维特·史托斯等雕刻家一起引领起这个新的时代，在他们的作品中体现出强烈的平衡感。在很多艺术史学家眼中，他们的艺术已经迈入了文艺复兴时代。（德比奇：第189页）

在中世纪，雕刻家的首要任务是要将宗教信仰中那些超现实的想象呈现在世人面前。在艺术创作中，雕刻家并不需要刻意专注于自己个性化的表达、独立的视角或个体体验等内容，他们的工作就是把宗教内容以图像的方式表达出来。尽管蒂尔曼·芮门施奈德的创作受到了那个时代的框限，但是我们已经可以在他的作品中看到一种融合了现实主义和个人主义的创作风格，我们可以把他和他的完整的一系列作品直接联系到一起。[39] 芮门施奈德创作的作品具有鲜明的特性，他将一种深沉的情感与柔和的哀愁倾注到他所雕刻的形象中，从而将圣像与世人的距离进一步拉近，把教堂真正变为“在俗者的圣经”。

蒂尔曼·芮门施奈德的艺术风格是非常鲜明的，他完成的雕像往往有着极富表现力的（内省式的忧郁情绪）面容与极尽精细的罩袍（织物有丰富的褶皱纹理）。他雕刻出的人物往往表现出丰富的内心世界——柔和的表情、优美的举止、庄重的姿态（仪态），同时又流露出一丝不安和伤痛，这是一种淡淡的、忧伤的情绪。就女性形象而言（细小的差异忽略不计），她们都具有柔美的体形，瘦削苗条的上身，细嫩柔软的四肢，配以纤纤玉手。她们都有柔顺带着波浪的长发，迷人圆润的面容，宽阔平坦的额头，微微隆起的眼角，微微向下弯曲的眼睛，笔挺的鼻子，小嘴配着丰满的下唇。尽管男性的面容与女性略有不同——男性的五官虽然也基本沿用了上述的细节形式，但是组合更加多样，如在罗腾堡和克雷格林根两个祭坛上看到的圣使徒。服饰上的褶皱是芮门施奈德雕刻作品中的另外一大要点，厚实堆叠的衣褶变化非常丰富和复杂，但是又没有过分夸张的滞重感。因为芮门施奈德在很多作品最初的构思过程中，就从未打算为这些作品进行彩绘装饰——有些只是在特定部位施以颜色——因此，出自芮门施奈德之手的人物造像乃至木雕材质本身就具有高度的美感，这也使他在艺术形式和作品主题上所展现出的高超技艺都变得一目了然。

这种对人的内心世界的深入挖掘，一方面与芮门施奈德本人在沃尔姆和斯特拉斯堡的游学经历有关——他将施瓦本的传统雕刻工艺和上莱茵新颖的雕刻观念融会到一起，这使他可以从容雕刻出饱含情感、扣人心弦的形象；另一方面则受益于芮门施奈德的天赋——

39. 中世纪末期鲜有雕刻家能像芮门施奈德那样留下风格如此匀整、品类如此齐全、时间跨度如此巨大的一整套个人作品。（雷希特：第335页）

当南方的西班牙和葡萄牙人开始揭开地理大发现的序幕时，芮门施奈德却将发现的目光转向人的内在——人性深处的自由。这种“内向性（Innerlichkeit）”被托马斯·曼誉为“德意志人的民族性格”，是“德意志精神和德意志文明的源泉”。（Kirsch：pp. 290）芮门施奈德开创性地发明出新的艺术风格，这种风格也让他的作品流传至今蒂尔曼·芮门施奈德工作室中的学徒和帮工也很好地掌握了他的风格。他的学生们以及仿效者们后来把他的风格继续向东扩展，影响到整个弗兰肯、图林根和萨克森。（Duby：pp. 517－518）

一、芮门施奈德与代际传承

结合蒂尔曼·芮门施奈德早年的学艺经历以及创作初期从合作者那里所受到的艺术影响，最终他的雕塑风格总体上讲应该从当时三位杰出的艺术家那里吸收过营养。对他影响最大的是尼克劳斯·杰哈尔德。著名艺术史学家哈特穆特·克罗姆（Hartmut Krohm）教授认为，在形式上，蒂尔曼·芮门施奈德的作品是对杰哈尔德雕刻形式的不断吸收和综合。在芮门施奈德早期的作品中，比如他的雪花石膏雕像《圣芭芭拉》，在形式上采用了更为立体的处理，人物的姿态动感十足，虽然圣芭芭拉的身体被服饰遮盖，但是服饰的褶皱非常恰当地把身体的形态表现出来。这些特点与杰哈尔德完成的《当格尔桑的圣母子》（*Dangolsheimer Muttergottes*）[40]（约1460至1463年）一致。此外，芮门施奈德与“乌尔姆学派”也有很深的渊源，纽伦堡日耳曼国家博物馆收藏的《三王来朝》（*Fragment einer Anbetungsgruppe*）（约1490年）木雕残片，还有克利夫兰艺术博物馆收藏的雪花石膏雕像《圣哲罗姆与狮子》都佐证了芮门施奈德曾经受到过米歇尔·埃尔哈特的影响。在《三王来朝》残片中，圣母的长袍层次丰富，芮门施奈德通过堆叠的织物创造出复杂的空间效果，这与埃尔哈特雕刻的《端坐的圣母子》（*Thronende Muttergottes*）[41]有异曲同工之妙。最后，就是马丁·松高尔的铜版画对芮门施奈德创作的影响。芮门施奈德不仅在作品的构图和布局上模仿松高尔的版画，而且在作品的情绪上，将松高尔笔下流露出的淡淡的伤感很好地融入了自己的创作，并做了进一步的升华。（Chapuis: pp. 25－50）在气质上，

40. 胡桃木雕《当格尔桑的圣母子》，现收藏于柏林博德博物馆雕塑和拜占庭艺术典藏。

41. 椴木雕刻《端坐的圣母子》完成于1480年前后，现收藏于柏林博德博物馆雕塑和拜占庭艺术典藏。

图 4-1：《当格尔桑的圣母子》、《三王来朝》残片、《端坐的圣母子》

芮门施奈德的作品与其说是接近马丁·松高尔，不如追根溯源地说更接近尼德兰画家罗希尔·范·德·维登（Rogier van der Weyden），他们在作品中塑造的人物都带有一种强烈的内省式的气息。[42]（图4-1）

巴登巴登修院教堂（Stiftskirche von Baden－Baden）的《耶稣受难十字架》（*Kruzifix*）[43]与埃欣根圣尼克劳斯教堂（Pfarrkirche St. Nikolaus von Eisingen）的《耶稣受难十字架》（*Kruzifix*）进行比较。前者是尼克劳斯·杰哈尔德1467年的作品，后者是芮门施奈德1505年的作品。杰哈尔德更加注重解剖学上的细节，他试图通过提升身体运动性的特征，去强调神子耶稣的“人性”，肌肉的强烈紧绷在腿部表现得尤为明显。而芮门施奈德的耶稣受难像则显得更加抽象，他要在观者与作品之间建立起更复杂的情感关系。他的耶稣受难十字架的最大特色就是对四肢的精雕细刻。凹陷的双颊往往是耶稣脸形的重要特征，扭结的头发搭到肩上，让他的脸显得更加消瘦。这些特征显出耶稣在经历痛苦的磨难后仍然没有损害丝毫他高贵的气质。这些优雅的经过提炼的身体上的特征引起人们的同情

42. 哈特穆特·克罗姆认为这种气质是禁欲式的（ascetic），这种观点将芮门施奈德与中世纪晚期宗教改革这一大的历史联系在一起——基督新教各派（无论是路德宗还是加尔文宗）都要求信徒禁欲，作为对腐败的天主教会的彻底反叛。不过笔者认为，芮门施奈德作品中所带出的气质更多是内省式的，它更多源自当时的人文主义思想。内省的出发点是呼唤自我意识，发现人性的价值。

43. “耶稣受难十字架（Kruzifix）”这一主题，最初是发源于尼德兰的雕刻题材。

（美学上的移情），面部愁苦绝望的表情宣告着精神上的痛苦——反映出悲伤、困苦和肉体的剧痛正是人类的原罪。（雷希特: 第230页； Krohm: 1999, pp. 59）

二、芮门施奈德作品与版画的关系

芮门施奈德的艺术成就在很大程度上得益于15世纪德国印刷技术所催生出的版画艺术。一方面，芮门施奈德在他的作品中曾大量借鉴著名版画中的人物形象和画面布局；另一方面，单色的版画极有可能改变了当时人们的审美旨趣，让他们能够从容接受单色的雕塑。（Chapuis: pp. 32）

艺术史学家马丁·瓦恩克（Martin Warnke）在《德国艺术史》（*Geschichte der Deutschen Kunst*）中谈到德国人发明了木刻版画与铜版画是15世纪欧洲艺术史上最重要的事件。（Warnke: pp. 214）

在14世纪末，德国的木刻雕版技术就已经被应用于大量印制“宗教祈祷画（Gnaden-bilder）”。自15世纪40年代开始，铜版画迅速取代木刻版画成为当时最主要的印刷媒介，人们会用它来印制轰动的新闻或奇闻异事，也会用它来表现世俗的情爱主题和讽刺社会，还有人偷偷用它来印刷扑克纸牌，但是当时的版画仍然以宗教内容为主：很多修道院成为版画的重要出版人，版画的受众主要是朝圣者。随着版画的流行，一批重要的版画家也陆续涌现，其中最著名的就是画师E. S.和马丁·松高尔。

画师E. S.生活在斯特拉斯堡，马丁·松高尔生活在科尔马，他们的活动范围主要集中在德国南部的上莱茵地区。他们两人都会在作品上留下明确的签名以及绘制版画的年份，因此他们也被看作是最早的“版画作者”。画师E. S.和马丁·松高尔在艺术上的贡献是：他们极大推动了版画（特别是铜版画）在形式和内容上的发展，创造出全新的表达手段，比如采用简洁的点和线去呈现物体，创作出光与影之间流畅的过渡——从此，版画不再是等待填充色彩的草图，而成为一种独立的造型艺术，线条本身就具有审美价值，这使它与木刻浮雕建立起联系，大量版画成为雕刻家手中的范本。

马丁·松高尔的活跃时期比画师E. S.略晚，从15世纪70年代开始他在科尔马经营自己的工作室。他传世的116幅铜版画上都留有他独特的签名标记。松高尔的铜版画作品无论是在技术上还是在艺术上都已经趋于成熟，他可以通过黑色的线条在作品中创造一切，无论

图 4-2：《背负十字架的基督》

图 4-3：松高尔的、史托斯学生的、芮门施奈德的《基督的洗礼》
（Matthias Weniger, Tilman Riemenschneider. Die Werke im Bayerischen Nationalmuseum. Petersberg 2017）

是光线的明暗、人物的立体感还是织物的质感，都被表现得惟妙惟肖。松高尔的另一大特点是他对细节的处理尤其精细，不允许画面上有一处不清晰的地方。这一点可以在《背负十字架的基督》（*Die große Kreuztragung*）（约1475年）中看得一清二楚。这幅全景式的版画与扬·凡·艾克的一幅相同主题的油画颇为相似，从而进一步证实了松高尔与尼德兰画家之间的关系——松高尔的铜版画与范·德·维登的作品在精神气质上也是相通的。在版画中，所有人物都是“迈步向前”的，这形成了一种延绵不绝的节奏感，使画面极具动态与张力。也正是从马丁·松高尔开始版画的功能发生了根本性的改变——版画不再是人们祈祷时的工具，而成为一种纯粹的视觉性叙事的艺术。（图4-2）

松高尔的作品在他在世的时候已经颇具影响力，比如他约在1480年完成的铜版画《基督的洗礼》（*Taufe Christi*）[44] 就曾一再被德国艺术家模仿。包括蒂尔曼·芮门施奈德以及维特·史托斯的门徒，都曾参照这幅铜版画制作出精彩的浅浮雕作品。出自维特·史托斯学生之手的彩绘浮雕《基督的洗礼》（*Taufe Christi*）完成于1480至1490年之间，它最初应该是一座祭坛折翼上的镶板。1509至1513年前后，芮门施奈德在格罗茨霍芬（Gerolzhofen）的《施洗约翰祭坛》（*Johannes Altar*）上再次重现了圣约翰为耶稣施洗这一场景。（Wixom: pp. 268 – 270）（图4-3）

蒂尔曼·芮门施奈德在他的创作中——特别是在他创作生涯的早期——有很多创意受到了松高尔作品的启发，他大量借用松高尔所惯用的形式语言，有时甚至会直接套用松高尔的版画构图，比如代特旺《受难十字架祭坛》（*Kreuzigungs–Altar*）两翼上的浮雕就忠实地复制了松高尔的作品。而米内尔施塔特《玛德琳祭坛》侧翼上的浮雕《复活的耶稣在玛利亚·玛德琳面前》对松高尔早期的一幅铜版画也有明显的借鉴。芮门施奈德仿照松高尔的设计，在玛利亚·玛德琳与耶稣之间建立起心灵之间的沟通，人物的姿势、衣物的细节，乃至完整的布局，都来自于松高尔的铜版画。（图4-4）

这里还需要提到的是，虽然阿尔布莱希特·丢勒并没有亲自接受过马丁·松高尔的指点，但是松高尔仍然可以被看作是丢勒的老师。无论是在艺术理念、造型布局、市场取向等方面，松高尔对丢勒都产生了巨大的影响。

图 4-4:《复活的耶稣在玛亚·玛德琳面前》和松高尔的铜版画

44. 这幅画目前收藏于美国华盛顿国家艺术画廊。

（Warnke: pp. 230）丢勒一生也创作了大量的版画作品，他不仅把版画彻底提升为一种全新的艺术门类——版画不再是为虔诚信徒和朝圣者的实际需要而作，而是为艺术爱好者和收藏者而作；而且还把版画发展成为一种强有力的政治宣传手段——版画开始为宗教改革的政治需要而服务。

芮门施奈德的作品采用单色，也许正是意在效仿铜版画的效果。单色的雕刻更加强调形式感。它要利用光和影这两种自然要素在作品表面实现复杂的效果——特别是对织物褶皱的刻画。（雕刻强调褶皱的线条排列，版画要求对特殊的织物主体进行生动再现。）在米内尔施塔特的《玛德琳祭坛》的侧翼浮雕《复活的耶稣在玛利亚·玛德琳面前》中，耶稣与玛德琳之间的关系利用织物之间在形式上的相互呼应得到了完美的呈现。（Krohm: 1999, pp. 62－63）

三、芮门施奈德与单色木雕

蒂尔曼·芮门施奈德在德国雕塑艺术中的另外一大贡献，是他有意识地打破了祭坛木雕长久以来的装饰传统，他的很多重要作品不再采用彩画和镶贴金箔来装点，而仅仅是使用单色的清漆粉刷木雕表面。[45] 如果我们到博物馆或者教堂中对那些保存至今的中世纪木雕有所留意，那么我们就会发现，这些雕刻中的绝大多数进行过彩绘处理。

但是在15世纪末，单色祭坛以及祭坛上的单色木雕开始在德意志国家大量出现，这一新的雕刻潮流在随后的30年中曾经蓬勃发展，然而到16世纪20年代中期以后又戛然而止——这成为德国在16世纪初非常重要的一个文化现象。这一现象波及甚广，几乎覆盖了整个德语文化圈。[46] 据统计，在16世纪最初的20年中，仅有十座祭坛是单色的；而在1520年之后，制作的37座大型祭坛中有25座是单色的——这25座单色祭坛的制作时间主要集中在

45. 有很长一段时间，这些单色的雕刻品（Monochromie）曾被人们认定为“未完成的作品”。但是根据哈特穆特·克罗姆的考证，在14到15世纪期间，德国已经从意大利引入了单色艺术品的观念，单色艺术品已经出现在德国的很多艺术门类中。（Krohm: 1999, pp. 65）

46. 单色祭坛雕刻所波及的范围包括弗兰肯、施瓦本、莱茵河流域、蒂罗尔、上奥地利、波西米亚、萨克森，以及德国北部地区。

1520至1525年之间。[47]（Habenicht: 2000, pp. 8－16）

芮门施奈德是德国最早放弃木雕彩绘、让作品始终保持单色（或原色）的艺术家之一。他于1490至1492年为米内尔施塔特圣玛德琳礼拜堂制作的《玛德琳祭坛》曾经长期被看作是世界上最早的单色祭坛。[48] 也许是芮门施奈德这种美学上的“创新”对于普通百

---

47. 制作于16世纪头20年的10座单色祭坛：*Hochaltarretabel in Öhringen*（约1500年），*Annenretabel in Kalkar*（约1500年），*Heilig-Blut-Retabel in Rothenburg o.d.T.*（1505年），*Marienretabel in Kalkar*（1506—1508年），*Hochaltarretabel in Kalkar*（1488—1509年），*Sippenretabel in Bieselbach*（1510年），*Passionsretabel in Detwang*（约1510年），*Marienretabel in Creglingen*（约1510年），*Hochaltarretabel in Osnabrück（St. Johannis）*（1512年），*Hochaltarretabel in Bücken*（约1515年）。

制作于1520年左右及之后的25座单色祭坛：*Hochaltarretabel in Kaysersberg*（晚于1518年），*Hochaltarretabel in Wettringen*（约1520年），*Sebastiansretabel in Geislingen*（约1518—1520年），*Hochaltarretabel in Winnenden*（1520年），*Sieben-Schmeryen-Retabel in Kalkar*（1518—1521年），*Hochaltarretabel in Bordesholm*（1521年），*Hochaltarretabel in Alpirsbach*（约1515—1525年），*Hochaltarretabel in Niederrotweil*（约1522 年），*Hochaltarretabel in Bamberg*（前*Nürnberger Karmeliten-Kloster*）（1520—1523年），*Hochaltarretabel in Besigheim*（约1520—1525），*Schutzmantelmadonnenretabel in Freiburg*（1521—1524年），*Johannisretabel in Prag*（约1525），*Märtyrerretabel in Schwaigern*（约1525年），*Crispinus- und Eligiusretabel in Schwaigern*（约1525），*Pfingstretabel in Schwäbisch Hall*（约1525年），*Hochaltarretabel in Rötha*（约1525年），*Hochaltarretabel in Mauer bei Melk*（约1525年），*Hochaltarretabel in ehem. Zwettl（Adamsthal）*（约1525年），*Marienretabel in Bergheim/Elsaß（Colmar, Unterlinden-Museum）*（约1525年），*Sippenretabel in ehem. Eckernförde（Goschofkapelle, Schleswig-Holsteinisches Landesmuseum, Schloß Gottorf）*（约1525—1530年），*Hochaltarretabel in Breisach*（1523—1526年），*Cosmas- und Damianretabel in Rostock*（约1530年），*Marienaltar in Xanten*（约1530—1540年），*Dreifaltigkeitsretabel in Kalkar*（约1535—1540年），*Johannesretabel in Kalkar*（1541—1543年）。

48. 直到1992年，德国学者艾科・奥勒曼（Eike Oellermann）通过技术手段确认，位于莱茵河中段洛尔希镇圣马丁教堂的单色主祭坛制作年代更早，它完成于1483年或1489年。其后，又有一些新的发现，把最早的单色祭坛出现年代向前提早了数十年，比如1474年至1481年由老约尔格・塞尔林设计建造的乌尔姆大礼拜堂主祭坛——据推测，当时米歇尔・埃尔哈特也参与了这些工程；以及1466年由尼克劳斯・杰哈尔德为康斯坦茨大礼拜堂制作的主祭坛（据推测也应该是单色祭坛）——很不幸，这两座重要的大型祭坛都被毁于宗教改革所引发的“捣毁圣像运动”。根据哈本尼希特的统计，除去芮门施奈德的作品外，现存的15世纪单色祭坛只有*Hochaltarretabel in Lorch*（1483或1489 年）和*Hochaltarretabel in Heilbronn*（1498年）。但无论如何，芮门施奈德的《玛德琳祭坛》都是一件具有跨时代意义的作品。首先是圣伊丽莎白塑像，她精细的工艺和生动的形态，都可以被看作是单色祭坛木雕的美学宣言；此外，自《玛德琳祭坛》之后，德国的木雕艺术才真正跨入一个全新的时代，单色木雕在16世纪的头30年大批涌现出来。（Krohm: 1999, pp. 63；Habenicht: 2000, pp. 6-16）

姓而言过于超前，1504至1505年间，米内尔施塔特的市民委托维特·史托斯为《玛德琳祭坛》重新涂上了颜色。

要理解雕刻家为什么会放弃彩绘，首先需要解释，人们此前为什么要为祭坛进行彩绘装饰。按照艺术史学者格奥尔格·哈伯尼希特（Georg Habenicht）博士的观点，为祭坛进行彩饰和镶金其目的就是要赞美神祇，这是人们在塑造圣像时不可或缺的手段。因此，在芮门施奈德生活的15世纪末——宗教改革爆发的前夜——“放弃彩绘”这一激进的艺术观念应该根源自酝酿已久的革命性的神学观——“华美的圣像是不洁的”。从14世纪以来，西方社会很多著名的学者已经在激烈地批判“圣像崇拜”的罪恶，代表人物包括英国的经院哲学家罗伯特·侯卡特（Robert Holcot）、约翰·威克里夫（John Wyclif），德国的宗教改革家安德里亚斯·卡尔施塔特（Andreas Karlstadt）和尼德兰人文主义者鹿特丹的伊拉斯谟（Erasmus von Rotterdam）等。[49] 面对日益高涨的对圣像的敌视，无论是捐助者还是艺术家，他们为了让祭坛在激烈的批判声浪中重获广泛的合法性，把“放弃彩绘”作为一种对祭坛内容和形式进行自我净化的手段是可以理解的。

哈特穆特·克罗姆教授也认为，不应该单纯从美学角度对单色雕刻祭坛的出现进行过度解读。很多学者都在强调“大众的审美观在芮门施奈德的时代出现了巨大的改变，发掘木材材质本身的美（Holzsichtigkeit[50]）成为一种当时流行的观念”。但实际上芮门施奈德并没有把“木材”直接放到观者面前[51]，他对雕刻后的木料仍然进行过单色的着色处理，他希望人们看到的仍然是经他之手雕刻出的形象，而不是原材料。如果把需要彩绘的祭坛看作是未完成的作品，那么单色祭坛就是“已经完成了的完整”作品，这与当时艺术家意识

49. 他们中的很多人不仅是单纯地从神学理论上论述“圣像崇拜的罪恶”，而且不断煽动教徒去“捣毁圣像”。

50. “Holzsichtigkeit”的概念是指，雕刻家放弃彩绘或镶金的装饰，仅仅在木雕表面刷上一层透明或半透明的清漆，让人们体会到木料本身（材质）以及经过雕琢的木质表面（雕刻技艺）所传达出的美感。

51. 迈克尔·巴克森德尔教授一再强调，所谓的“单色”木雕并不等于“无色”木雕；而木雕在单色处理过程中仍然沿用了彩绘的技法和旨趣。此外，巴克森德尔针对“单色”木雕的出现还提出过另外一种解释，他假设在中世纪晚期也许因为木雕的订购者无力购买昂贵颜料，而导致人们最终放弃了对木雕进行彩绘处理的传统。（Baxandall: 1999, pp. 94）

的觉醒是密不可分的。（Hubach: 2017）如果结合当时社会上蓬勃兴起的强烈要求宗教改革的观念，也许又可以找到另外一种对单色祭坛出现的解释：有意在作品中放弃色彩，也许是一种禁欲主义思想的反映。这种思想要求的是人们对骄奢淫逸的宗教生活的彻底放弃，它所追求的是物质上的贫乏，以此作为对自己信仰虔诚的砥砺。（Krohm: 1999, pp. 65）

此外，单色会在人的审美上产生“间离（Distanzierung）”（或称“陌生化效果”），单色把基督的救世故事与观者的现实经验相对立，使宗教形象能够脱离人们的现实经验，进而让人们在超验的层次（Ebene des Transzendentalen）上陶醉于这些宗教形象。这些形象成为一种超验的现实。“间离效果”不仅没有削弱圣像的真实度，反而进一步强化了人们对木雕、圣像的认同——木质雕刻在人们的想象中变得更加形象化，对人们的心理具有更强的影响力。（Warnke: pp. 204；Baxandall: 1999, pp. 94）

彩绘祭坛所呈现出来的是过分的华美和空洞的浮夸，这些都有违基督教教义。当祭坛不再绚丽多彩，人们就不会过多关注祭坛外在形式上的“美”，而是通过“间离效果”陷入沉思，去用心感受耶稣基督为拯救世人所承受的痛苦。

单色的木雕，势必会造成雕像自身“逼真性”的削弱，这是对人们审美经验提出的一次巨大挑战——生活在中世纪的人们已经习惯了被夺目的色彩所包裹的圣像，他们的眼睛一时还很难适应颜色极度匮乏的木雕表面，甚至会把人与物相混淆——人物的肤色和他们身上织物不再能够通过色彩的差异进行区分。为了弥补这一缺点，一种替代性的方案被引入——雕像身上的花饰获得了拓展。通过花饰，人物的肉身重新与织物区别开来，并且让人物跳脱背景，显得更加立体。在雕刻花饰中，芮门施奈德也形成了自己的特点，他采用刻刀雕刻织物边缘的线条，然后配以藤蔓花纹或菱形的几何图案，在大片的织物上，他使用压花工艺[52]，制作更具规模、更加繁复的纹饰。比如在木雕《女圣徒》（*Weibliche Heilige*）[53] 中，圣徒手中经典的书皮上，芮门施奈德就使用了三种不同的压花图案：星

52. “压花”是一门传统的装饰工艺，在中世纪它长期用于镶板画和木雕表面镀金部分的装饰。

53. 这座椴木雕像目前被收藏于英国埃文河畔斯特拉特福的Compton Verney艺术画廊。雕像完成于1515年至1520年间，雕刻技法精湛，人物逼真自然，属于芮门施奈德“女圣徒”类型木雕中最出色的作品之一——其他较为知名的“女圣徒”木雕还包括《圣伊丽莎白》（*Heilige Elisabeth*）、《圣卡特琳娜》（*Heilige Katharina*）等。这些雕像最初应该都是祭坛上的圣像。由于这座“女圣徒”右手及手中所持的标志物已经遗失，雕像身份一直无法确认，据推测“她”应该是圣芭芭拉。

星、花朵和圆圈。（Marincola: pp. 112－113）（图4-5）

回到我们最初的问题，为什么中世纪晚期的雕刻家会打破传统，放弃祭坛彩绘，这已经成为艺术史上一个令人困扰的谜团。虽然学者们做了很多尝试，对单色祭坛在15世纪末期的勃兴给出了各种解释，但是这些解答却并不能让人满意。只是不可否认，色彩绚丽的祭坛突然回归质朴的原色，这是雕刻者同时也是整个社会在宗教改革前夜对跨时代的巨大变迁所做出的一种回应——当单色的祭坛雕刻被摆入作为公共空间的教堂，被摆上基督教圣礼的中心位置，它所代表的某种精神价值也就牢牢占据了面对它、礼拜它的人们的精神世界。（Habenicht: 2000, pp. 4－8）

芮门施奈德的单色祭坛已经不是被动地回应时代的呼唤，而是有意识地从艺术创作的角度进行了这一革命性的尝试，贯彻这一颠覆性的美学观念，并最终获得成功——单色祭坛雕刻成为那个时代德国雕刻艺术最重要的特征之一。从技术上来讲，单色雕刻要求创作者的技艺更为精湛——原本彩绘可以掩盖的那些雕刻上的瑕疵在单色涂层下变得一览无遗；而且雕刻家必须对他所面对的那块物料有充分的把握，利用物料自身的特征完成作品的构思。

图 4-5
《女圣徒》（Weibliche Heilige）

四、芮门施奈德与扁平化雕塑

芮门施奈德的作品是立体的，它不是平面的、静态的；他的作品包含了多个面，或者按照巴克森德尔的说法，芮门施奈德的作品提供了一个广阔的展示性的弧面（arc of address）。人们站在他的雕刻面前（甚至是雕刻的背面），可以从不同的角度去欣赏他的作品，同时获得一个片段式的观感，然后移动脚步更换视角，以获取更多的视觉体验——芮门施奈德的雕塑实际上将多重视角组织到了一起，它为人们提供了一个动态化的审美过程。某一视角中的面在另一个视角中成为轮廓，反之亦然，从而在观看雕像时实现了“一步一景”的效果。

被美国华盛顿敦巴顿橡树园博物馆（Dumbarton Oaks Research Library and Collection）收藏的《新月上的圣母子》（*Muttergottes auf der Mondsichel/ Virgin and Child on the Crescent Moon*）（1521—1522年）就呈现出这种“多侧面展示”的特性。在这尊雕塑中，圣母玛利亚基本是以一个大正面来面对观看者的，但是她左手怀抱的圣子，留给观者的却是一个完全的侧面，圣子面向圣母的右侧，伸出手臂仿佛给她右侧的人们以奖赐和祝福。因此，人们必须要从至少两个角度去观看这尊雕塑，才能大致完整地看清整件作品。（Baxandall: 1999, pp. 86 - 87）

但是我们还要看到，芮门施奈德中后期的作品越来越呈现出扁平化的特征，特别是他为折翼祭坛雕刻的圣像。在早期米内尔施塔特的《玛德琳祭坛》上，我们看到的无论是神龛中的圣伊丽莎白（Hl. Elisabeth von Thüringen）还是基座中的四位圣徒，它们本身都是非常出色的圆雕作品。但是他从中期开始，创作的主要作品如《圣血祭坛》或《玛利恩祭坛》，人物形象已经变得更接近浮雕，人们在观看祭坛时，观者的位置被限定在祭坛的正面——观者已经不能绕到圣像的背后去欣赏这些作品了。到芮门施奈德的创作晚期，无论是《玛多娜玫瑰花环》这样的木雕还是《悲悼基督》这种石雕，上面的人物形象都已经蜕变为纯粹的扁平化雕像，《玛多娜玫瑰花环》为观者预设的位置就是圣像的正前面——只有在这一位置花环上的五个圆形浮雕才会一目了然——圣母的背面处理则要简单很多，几乎完全覆盖了卷曲的云纹图案，圣母的正面和背面结合得非常生硬，缺少圆雕的舒缓过渡；而《悲悼基督》更是变成了完全的浮雕。

芮门施奈德的风格为什么会走向扁平化呢？我们要先从祭坛说起。祭坛的功能就是要以一种艺术化的形式对“圣物”进行呈现。可以说，“圣物崇拜”是祭坛的核心功能。无论是陶伯河上的罗腾堡还是克雷格林根，它们都是当年德国南部虔诚信徒们的朝圣地；《圣血祭坛》上的“圣血”水晶，或者《玛利恩祭坛》中保存的“圣饼”，就像是一块块巨大的磁石，吸引着四面八方顶礼膜拜的朝圣者们。通过祭坛上或雕刻或绘制的一组组“圣像”“圣物”在瑰丽的视觉叙事中更加具有魔力。民间盛行的“圣物崇拜”与宗教改革者们对“迷信”的激烈批判，成为芮门施奈德所面对的一个根本无法解决的矛盾，他必

须寻找其他的方法，去绕开这个死结。（Habenicht: 2000, pp. 17－18）

芮门施奈德对基督教教义的深刻理解，以及他对基督教现实困境的清醒认识，都促使他在雕刻形式上做出改变。虽然伊拉斯谟和马丁·路德这些倡导宗教改革的人也深知，图像在对不识字的民众进行教化时是非常有效的；但是教会确实在滥用图像，他们利用圣像愚弄信徒，制造盲目崇拜以收敛钱财。于是，芮门施奈德让雕塑在形式上更加扁平化，以降低“肉体”的质感，以强调图像实际上只是人的作品——这一点他与维特·史托斯正好是相反的。（Chapuis: pp. 44）

五、芮门施奈德与光影效果

虽然蒂尔曼·芮门施奈德在祭坛建造中刻意放弃了绚丽的色彩，但是他采用了一种新的方法来平衡这种损失。他把光与影作为一种造型手段引入他的雕刻创作。[54] 据艺术史学家朱利安·沙皮伊（Julien Chapuis）推测，将祭坛主神龛的背板镂空，制作出窗户形以增加采光，应该与单色祭坛的出现是同一时期的。

正是通过祭坛上明暗对比所构成的秩序、织物褶皱所带有的节奏、人物柔和内敛的表情，以及整体性的平衡布局，芮门施奈德就像是舞台剧的导演，他编排出人们与雕像之间的互动“程序”——他不断引导人们按照他设定的“路线”去观看祭坛，通过这一过程去体会自然的“和谐”与“爱”。这可以说是芮门施奈德在那个时代最伟大的艺术创新，他放弃了通过雕刻“肖似”的形象去体现人性，而是通过编织视觉的“旋律”让人们去领悟人性。（Baxandall: 1999, pp. 96－97）

我们应该知道，芮门施奈德的绝大多数作品最初都是陈放在教堂里的——至今仍然有相当多的祭坛没有被送进博物馆，而是继续被陈设在它们“最初”的位置。虽然他的木雕祭坛放弃了彩绘装点，但是芮门施奈德巧妙地利用了教堂中特有的光照条件，令这些单色祭坛生发出非凡的视觉效果——比如克雷格林根圣父教堂中的《玛利恩祭坛》，时至今日依然会在每年8月中下旬的“圣母升天节”期间上演神迹式的视觉奇观（Lichtwunder）。[55]

---

54. 借助“光影效果”来增加艺术作品的张力，这种方法应该源自北方的绘画。（Florian：2012）

55. 有关“圣母升天奇观”的信息可查阅www.herrgottskirche.de。

按照迈克尔·巴克森德尔教授的观点，教堂中的光照环境实际上在雕塑表面创造出非常丰富的光影效果，其中包括日光这样的自然光、烛光这样的人造光，还有室外光线透过玻璃花窗形成的彩色光、木雕表面的反射光、木雕自身呈现出的光泽，以及光照在雕刻表面所造成的阴影和投影等。各种光线因为直射、折射或散射的不同，造成雕塑的视觉效果千差万别，或柔和或强烈。因此，芮门施奈德不再需要通过色彩来增强雕塑的感染力，他选择运用光影来创造更加多样的情感层次。

另一方面，纽约大学艺术史教授兰德·法肯伯格（Reindert L. Falkenburg）将芮门施奈德的木雕祭坛与希罗尼穆斯·博斯的祭坛画进行对比，他认为，芮门施奈德的单色祭坛同样是在为那些在苦难中挣扎的人们开启一道光明之门——每个人心中都有对死亡黑暗的恐惧，艺术家利用图像强化这种恐惧，然后再通过作品帮助人们释放这种恐惧——芮门施奈德通过光线在祭坛表面制造出强烈的明暗对比，进而强化了祭坛程式上的“光明”与“黑暗”的对立，加强了祭坛整体上的“戏剧性”效果。（Falkenburg：2017）利用光影效果可以更加便利地达成多种创作目的，比如在雕塑中确立各部分之间的主次关系、对立关系，强调特定主体，以及实现特殊视觉效果。（Baxandall: 1999, pp. 88－90）

第五章　蒂尔曼·芮门施奈德的重要作品

蒂尔曼·芮门施奈德遗留至今的主要作品都散布在维尔茨堡周边方圆100公里的范围内，这似乎说明，在那个时代他并没有能够取得与其他德国艺术大师[56]旗鼓相当的国际影响力。虽然他的艺术成就在当时就已经引起了德国主要艺术赞助人的关注——1505年，神圣罗马帝国最具权势的萨克森选侯、被称为“英明者”的弗里德里希三世向芮门施奈德订购了一件大型《耶稣受难十字架》，十字架被安放在维滕堡的选侯家族教堂中。[57]弗里德里希三世是当时德国顶尖艺术家最大的赞助人之一，接受他订单的艺术家包括老卢卡斯·克拉纳赫、阿尔布莱希特·丢勒、汉斯·博克麦尔（Hans Burgkmair）等。虽然芮门施奈德的首要任务是要满足弗兰肯地区对雕刻制品的需求，但是萨克森选侯的订单也从一个侧面证明了芮门施奈德当时在德国艺术圈里的声望。

当我们回顾芮门施奈德的创作就会发现，他的主要作品往往都规模颇大——多是一些大型的木质祭坛或石雕墓碑，这也表明芮门施奈德的主要作品都是他根据他人委托的订单而雕刻的。

芮门施奈德承接的第一件大型祭坛订单应该是在1485年后不久。订单的委托人来自罗腾堡，极有可能是罗腾堡的方济各修会教堂。据推测，这座祭坛应该就是今天被称为《维

---

56. 比如纽伦堡的雕刻家维特·史托斯，他的雕塑作品远销至葡萄牙。（Kemperdick：pp. 82）

57. 根据记载，弗里德里希三世向“维尔茨堡雕刻师”订购了这座十字架。尤斯图斯·比尔认为，这位“雕刻师”很明显应该就是蒂尔曼·芮门施奈德。

图 5-1：《维普林格祭坛》的两组群像“哀痛的妇女和圣约翰”和“该亚法和他的士兵”
（Matthias Weniger, Tilman Riemenschneider. Die Werke im Bayerischen Nationalmuseum. Petersberg 2017 ）

普林格祭坛》的作品。完整的祭坛已经不复存在，只有两翼的浮雕和神龛中两组主要群像被保留下来[58]，这两组群像原本应该分列于中央十字架的左右两侧，一组是“哀痛的妇女和圣约翰”，一组是“该亚法和他的士兵”——这两组群像目前被收藏于慕尼黑巴伐利亚国家博物馆。通过类型比对，《维普林格祭坛》与代特旺的《受难十字架祭坛》有着密切的亲缘关系[59]，它其实应该也是一座“受难十字架祭坛”。（Chapuis: pp. 25; Krohm: 1999, p.67）（图5-1）

58. 神龛中间的“耶稣受难十字架”或许仍然传世，尚未得到学术界的一致确认。（Kalden-Rosenfeld：pp. 22）

59. 可参阅艾科·奥勒曼为这两座祭坛制作的复原图。（Kalden-Rosenfeld：pp. 23,91）

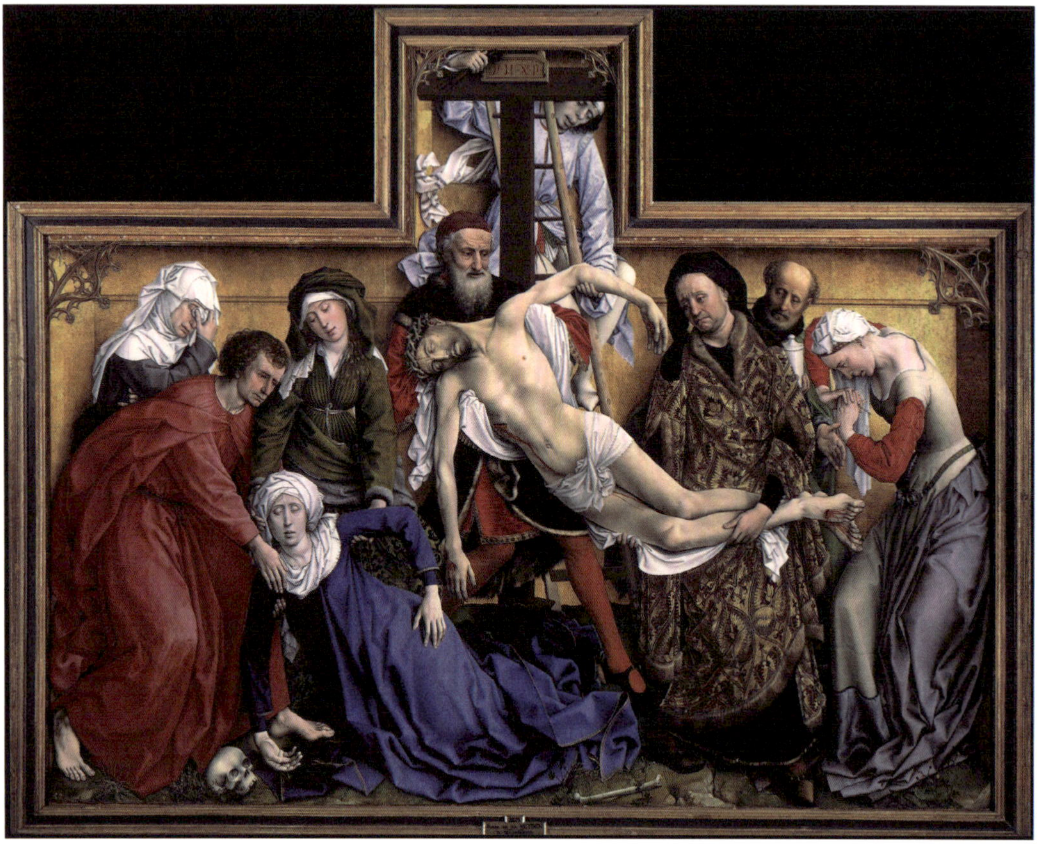

图 5-2：油画《降下圣体》和“圣约翰”的细节

“哀痛的妇女和圣约翰”这组雕像所饱含的悲怆情感，很容易让人联想到罗希尔·范·德·维登的名画《降下圣体》（*The Descent from the Cross / Kreuzabnahme*）[60]（图5-2）。在这组雕像中，圣约翰仰天长叹的造型——配合他因哭泣而微红的双眼——显示出芮门施奈德超凡的艺术功力。这座祭坛精致的彩饰处理，也让我们认识到雕刻表面彩画的价值——它极大地提升了雕刻品的戏剧性和紧迫感。（图5-3）

通过《维普林格祭坛》这件作品，芮门施奈德一举确立了他在弗兰肯地区的艺术地

60.《降下圣体》是一幅镶板画，也是一组三联画中中间最大的那幅。它创作于1435至1440年之间，是范·德·维登杰出的代表作之一，目前收藏于西班牙马德里普拉多美术馆。

位。随后，他的工作室又连续收到多份发自罗腾堡的订单。1496年，罗腾堡市议会委托芮门施奈德为圣雅各布教堂完成一座《玛利恩祭坛》。很可惜这件作品如今已经遗失。1501至1505年，他又为这座教堂制作了著名的《圣血祭坛》。1506年，他为罗腾堡的玛利恩礼拜堂完成了一座《圣安娜祭坛》。随后，他又在1506至1510年间为多明我女修院教堂的主祭坛制作了系列圣徒雕像。根据现有资料，芮门施奈德在1510年前后为罗腾堡制作了最后一件作品，[61] 这是一座《受难十字架祭坛》，如今摆放在罗腾堡市郊的代特旺圣彼得和保罗礼拜堂。

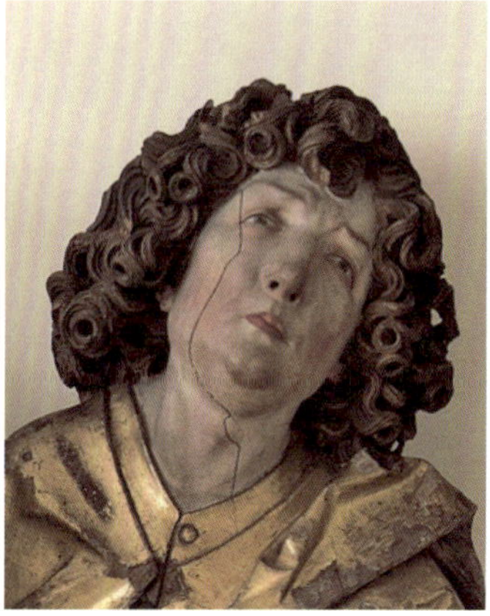

图 5-3：油画《降下圣体》和“圣约翰”的细节
Matthias Weniger, Tilman Riemenschneider. Die Werke im Bayerischen Nationalmuseum. Petersberg 2017

折翼祭坛（Flügelaltar）是中世纪晚期在德国和尼德兰广为流行的一种祭坛形式（Retabelform），它的最大特点是在祭坛神龛的左右装置了可以活动的两翼，根据礼拜仪式的需要打开或者关闭，在祭坛上呈现出完全不同的宗教程式和圣像类型。[62] 从15世纪开始，折翼祭坛主要是木制的，它往往采用大量绘画或雕刻（圆雕和浮雕）作为祭坛装饰，也有很多将绘画和雕刻结合在一起——位于祭坛核心位置的神龛大多是采用木雕，两翼上则使用镶板画或浮雕。此外，折翼祭坛的两翼绝大多数都是单层的（两面都有装饰），但是也有像格吕纳瓦尔德的《伊森海姆

61. 卡特琳娜·波雯（Katherine Boivin）在她的报告《芮门施奈德在罗腾堡：祭坛的空间分布》（*Riemenschneider in Rothenburg: A Topography of the Altarpiece*）（2017年）中认为，芮门施奈德与罗腾堡当地的合作应该时间更久、范围更大、作品更多，比如为罗腾堡圣沃尔夫冈教堂完成的《圣沃尔夫冈祭坛》（*Hl. Wolfgang－Altar*）就是1514年的作品。

62. 比如阿尔滕贝格修女院（Kloster Altenberg bei Wetzlar）的折翼祭坛（约1430年），它神龛的正中心是圣母子雕像，两侧的外翼分别是镶板画圣母领报、基督降生、圣母加冕和圣母升天；内翼镶板画左侧则是圣母访亲和三王来朝，右侧是修道院的两位主保圣人圣米迦勒和圣伊丽莎白。在整个斋期和圣周当中，这座祭坛的两翼都是关闭的；在与圣母相关的各种节日中，两翼被部分打开；在将临期、圣诞节和主显节，它才全部展开。（雷希特：第251—252页）

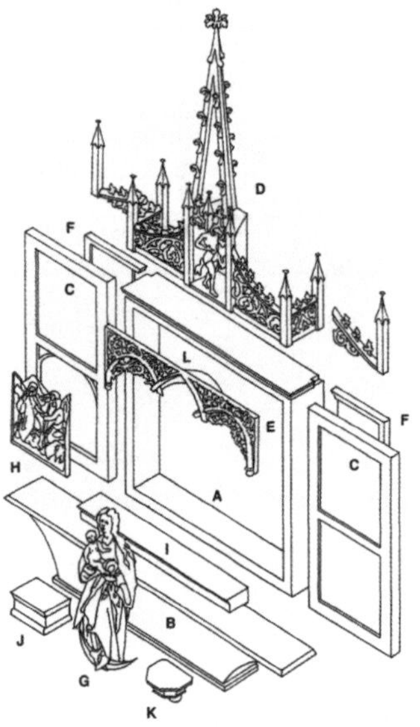

图 5-4：折翼祭坛（RDK Labor）

祭坛》或米夏埃尔·帕赫（Michael Pacher）的《圣沃尔夫冈祭坛》（*Pacher Altar von St. Wolfgang*）那样的特例。这两座祭坛都配有内外两对折翼，依据节庆或时令打开或者关闭，从而形成了三层完整的绘画主题。折翼祭坛的前身应该是存放“圣物”的储物柜——这可以从它配有圣体龛以及与“圣物”相关的图像志可以看出端倪。[63] 到15世纪初，折翼祭坛在结构上已经发展完备，它的核心主要包括三部分——神龛（A：Korpus）、基座（B：Predella）和折叠侧翼（C：Flügel）；此外，祭坛上还有若干装饰性的部分，比如神龛之上的冠饰（D：Auszug）和顶冠（E：Gesprenge），与壁板相连的固定侧翼（F：Standflügel），神龛中的圆雕圣像（G：vollrunde Skulpturen），折翼上的浮雕（H：Reliefs），摆放圣像的托架（I：Figurenpodest），基座之下的底座（J：Sockel）和托台（K：Konsolen），装饰神龛的华盖和藤蔓状的雕刻（L：Baldachine und Rankenschleier），等。（图5-4）

折翼祭坛的功能是纪念所在教堂的主保圣徒或基督教经典中记录的某一事件，将这些人物和事件转化为艺术形象，使它们更贴近信徒。在那个巨变的时代，个体对信仰崇拜的需求愈发迫切，教会不得不满足人们的这一精神需要。（图5-5）

对蒂尔曼·芮门施奈德作品进行时间上的分期一直是困扰艺术史学家的一大问题，这主要是因为他的作品很少留下明确的创作时间。人们要构建芮门施奈德整个创作生

63. 折翼祭坛的兴起，主要得益于市民阶层和新兴的修士团体的崛起。由于皇室和贵族往往用黄金或白银并镶嵌上宝石来打制存放“圣髑” 的圣物柜（Reliquienschrank），这是新兴阶层无力负担的，于是他们选择木制镀金的折翼祭坛来储存“圣物”。（Kirsch：pp. 147）

图 5-5：阿尔滕贝格的折翼祭坛

涯的时间轴，一方面是借助“作品间的风格比对”方法，把他在形式、结构和技法都比较接近的作品归纳在一起，然后根据那些留有创作时间的作品去梳理出完整的时间线索；另一方面就是借助其他相关的历史文物去考证芮门施奈德作品的制作年代，其中帮助最大的就是当时颇为流行的版画。中世纪晚期的雕刻家们都会大量参考这些版画，所以版画的制作年代往往也就成为判断雕刻作品出现年代的重要指标。

比如当时为格罗茨霍芬圣约翰礼拜堂（Johanniskapelle Gerolzhofen）制作的《施洗约翰祭坛》[64]，我们可以通过祭坛两翼上的浮雕与多幅版画之间的关系，来较为准确地判断出该祭坛诞生的时间。位于左翼上半部的浮雕《基督受洗》（*Taufe Christi*）和右翼上半部的浮雕《狱中的施洗约翰》（*Johannes der Täufer im Gefängnis*）与马丁·松高尔的两幅铜版画从布局到细节几乎都一模一样。比较《基督受洗》浮雕和松高尔的同名铜版画，无论是其中人物的姿态、服饰、发型，或者是织物上的褶皱，都表现出惊人的一致。[65] 左翼下半部的《斩首施洗约翰》（*Hinrichtung Johannes ‘des Täufers*）与尼德兰著名雕刻家卢卡斯·范·莱顿（Lucas van Leyden）的同名铜版画相仿，这幅画作于1512至1513年；右翼下半部的《敬献施洗约翰首级》（*Überbringung des Hauptes Johannes ‘des Täufers*）则依据阿

64.《施洗约翰祭坛》制作于1509至1514年，它如今收藏于慕尼黑巴伐利亚国家博物馆。

65. 应该说，松高尔的铜版画《基督受洗》在当时的雕刻家心目中颇受青睐，维特·史托斯的工作室就曾经制作过一幅非常相似的浅浮雕，这幅浮雕原本是一座已经遗失的祭坛折翼上的一部分，目前该浮雕被收藏于美国纽约大都会艺术博物馆。

图 5-6：芮门施奈德和卢卡斯·范·莱顿的《斩首施洗约翰》（Matthias Weniger, Tilman Riemenschneider. Die Werke im Bayerischen Nationalmuseum. Petersberg 2017 ）

尔布莱希特·丢勒的一幅木版画，这幅画作于1511年。因此，我们可以大致判断《施洗约翰祭坛》的制作时间应该在1513年之后。（图5-6）

同时，根据《施洗约翰祭坛》与芮门施奈德其他作品在艺术风格上的比对，比如神龛中的《施洗约翰》立像与1490年芮门施奈德为哈斯福特圣基利安教堂（Pfarrkirche St. Kilian von Haßfurt）制作的《施洗约翰》（*Johannes der Täufer*）雕像比较，两者的相似度极高；而神龛中间的《圣母玛利亚》（*Muttergottes*）则完全沿用了芮门施奈德自1500年就已经在形式上发展成熟的“圣母玛利亚”类型——这一类型主要出现在芮门施奈德中期的作品上，也就是1500至1515年之间。[66] 因此，结合运用版画对这座祭坛制作时间所做的推断，它应该完成于1513至1515年之间。

艺术史学家朱利安·沙皮伊将蒂尔曼·芮门施奈德的整个创作历程划分为三个大的时期。（图5-7）

第一个时期大约在15世纪80年代早期到1500年前后，这一时期有据可查的作品包括米内尔施塔特《玛德琳祭坛》上的木雕《玛利亚·玛德琳》和《圣伊丽莎白》（1490—1492年），或维尔茨堡玛利恩礼拜堂侧壁上的石雕《夏娃》（1491—1493年）。这一时期芮门施奈德制作的雕像空间感极强，人们可以从不同角度对雕像进行观察。我们可以把《玛德琳祭坛》与1501至1504年完成的《圣血祭坛》进行比较，《玛德琳祭坛》基座中的《圣马太》与《圣血祭坛》神龛中前排右首的圣徒姿态几乎一致，他们都是侧向而

66. 流行的形象逐步被类型化定型，比如“怀抱圣婴的圣母玛利亚”像，就在芮门施奈德的创作生涯中形成了4种类型。形象被类型化定型之后，徒工可以按照定型的标准独立完成工作，芮门施奈德也就不必再事无巨细都亲自进行指导了。（Chapuis: pp. 42）

图 5-7：《玛德琳祭坛》基座上的《圣马太》和《圣血祭坛》神龛中的圣徒像

坐，同时有一只手抬起。圣马太的长袍从他的右肩滑下，环绕着他的身体，连接起他的前胸和后背；《圣血祭坛》上的圣徒则近乎平面，他的斗篷同样也滑落肩头，但是这一细节却没有制造出身体应有的空间感，只是成为扁平的身体上具有装饰性的线条。

第二个时期大约在1500年初到1515年。在这一时期，芮门施奈德创作了大量作品。今天我们看到的作品也大多出自这一时期。主要作品包括罗腾堡的《圣血祭坛》、克雷格林根的《玛利恩祭坛》，以及今天收藏于海德堡的《温茨海姆使徒祭坛》（1509年完成）。这一时期的作品与芮门施奈德前期作品相比，最大的特征之一就是人像身上的织物被明显简化。早

图 5-8：早期《玛德琳祭坛》和中期《玛利恩祭坛》上的织物对比

期米内尔施塔特《玛德琳祭坛》上的织物被雕刻成深深的皱褶以制造阴影和创造强烈的明暗对比，而中期作品上织物的皱痕相比而言则更短更浅，往往还带有棱角，在褶皱周边衬有大片平整或略带曲面的织物。这一特征也导致雕像立体感变弱，显得更加平面化。（图5-8）

第三个时期从1515年开始，直到1525年芮门施奈德被投入监狱戛然而止。这一时期的主要作品包括维尔茨堡主教座堂中的《主教劳伦斯·冯·比普拉墓碑》（1515—1522年）、悬挂在福尔卡赫玛利亚朝圣教堂中的《玛多娜玫瑰花环》（1521—1522年）和麦德布隆女修院教堂中的《悲悼基督》石雕（1519—1523年）。这一时期的作品在形式上比中期显得更加简洁朴素。仍以织物为例，《圣血祭坛》中的织物表现出坚挺的上浆服装特有的断裂式皱痕，但是在晚期作品中，人物的服饰更多显得柔软弯曲、褶皱更少，而且大多是圆弧状的——这样的服饰看起来也更加厚实，还有些服饰其材质不再是织物，而直接改为了毛皮。（图5-9）

在早期作品中，芮门施奈德尽量为观者提供更大的空间，调动观者从不同角度去欣赏他的作品；但是到了晚期作品中，雕刻的形象更加平面，实际上是芮门施奈德将观者的位置限定在了作品的正前面，并同时驱使观者在心理上参与到他的作品中去，达成情感上的共鸣。可以比较米内尔施塔特《玛德琳祭坛》神龛上的《圣伊丽莎白》和福尔卡赫《玛多娜玫瑰花环》中的圣母像。虽然芮门施奈德在创作晚期雕刻的作品更加简约，但是他依然注重细节上的刻画，保持着严格的自然主义取向，在美国华盛顿敦巴顿橡树园博物馆馆藏

图 5-9：晚期的服饰

的《新月上的圣母子》[67] 中，圣母左手拇指在圣子大腿上按压出的凹痕，形象地诠释出耶稣“人性”的一面。（Chapuis: pp. 40－44）

另外，在雕像的造型上，芮门施奈德在他的早期作品中，更为注重人物个性化的塑造，而到了创作后期，他作品中的人像则更加抽象精练，他开始追求在简约中回归事物的本质。对比同样是以“耶稣受难”为主题的两件大型雕刻——前期的《维普林格祭坛》和后期麦德布隆的《悲悼基督》，就可以印证这一点。前期作品中的人像表情更加生动，容貌更为多样，织物上的皱褶形式激烈，进一步强化人物的姿态和情绪。与之相反，在后期的《悲悼基督》浮雕中，人物的情感不再是外放式的，他们的表情更加内敛，容貌趋于完美，服饰的皱褶被极大简化。这些形式上的改变将原本痛失亲人的悲恸转变为平静的哀伤，从而要求观者从早期的用双眼去观看“耶稣受难”变为在心理上参与到这种浓郁而悲伤的情绪中。（图5-10）

这种情况我们还可以在芮门施奈德雕刻的“基督受难十字架”中看到——这一主题同“圣母子”雕像一样，贯穿了芮门施奈德的一生。希罗德斯贝格圣马太教区教堂（Pfarrkirche St. Matthäus in Heroldsberg）中的《耶稣受难十字架》（*Kruzifixus*）是芮门施奈德的早期作品，大概完成于1485年之后的几年中。这座“受难十字架”高约130厘米，很明显是为某座祭坛所雕刻的——因此它极有可能是《维普林格祭坛》神龛中遗失的“耶稣受难十字架”雕像 。十字架上的耶稣带有明显的自然主义特征，它完全按照解剖学的观念在呈现人体。我们可以从耶稣像上看到清晰的肌肉线条、皮肤皱纹及皮下血管等，耶稣的容貌和表情也是按照真实的人物相貌塑造出来的，没有为了突出他所受的痛苦而扭曲了面孔。与之相比，1516年为斯坦纳赫教区教堂（Pfarrkirche in Steinach a. d. Saale）完成的《耶稣受难十字架》（*Kruzifixus*）则更加形式化和风格化，特别是对耶稣的头部的塑造，憔悴枯槁的容貌显得不再自然真切，反而定型为一种抽象式的痛苦，而耶稣的头部与身体的比例也明显小了。

67.《新月上的圣母子》完成于1521至1522年，据推测它应该是雕刻者为制作一座大型祭坛而提前完成的模型。这件雕像的主题源自《圣经·启示录》，表现为圣母玛利亚怀抱圣子站立在一弯新月上，展示出她屹立于天地之间的“神性”。圣母脸上泛起的忧郁表情，让这件作品带有鲜明的芮门施奈德风格。尽管这座木雕只是芮门施奈德完成的一件模型，但是它却雕刻得非常完整，包括雕像的背面——圣母背部的长发——都进行了细致处理。

一、前期（约 1485—1500 年）

蒂尔曼·芮门施奈德的早期作品，除了上面提到的他为帝国自由城市陶伯河上的罗腾堡制作的一系列祭坛之外，其实还有很多地方向他发出过订购合同。他的作品也不只局限于木雕，他曾运用过很多不同材质，包括雪花石膏（《圣母领报》《圣芭芭拉》《圣哲罗姆与狮子》）、砂岩（《骑士艾伯哈特·冯·格鲁姆巴赫墓碑》，《亚当》和《夏娃》，《骑士康拉德·冯·沙姆贝格墓碑》）还有大理石（《主教鲁道夫二世·冯·席琳贝格墓碑》）等。在这一阶段，已经有一大批重要作品问世。（图5-11）

图 5-10：《悲悼基督》细节图

（一）《玛德琳祭坛》（*Magdalenen-Altar*），米内尔施塔特（Münnerstadt），圣玛德琳礼拜堂，椴木

《玛德琳祭坛》是有据可查的蒂尔曼·芮门施奈德独立承接的最早的大型作品之一。这座木制祭坛是为维尔茨堡以北罗恩山区的米内尔施塔特镇圣玛德琳礼拜堂（Pfarrkirche St. Magdalena）制作的。《玛德琳祭坛》的合同订立于1490年6月26日，由米内尔施塔特镇议会与蒂尔曼·芮门施奈德签订。合同中不仅详细规定了祭坛在设计上的细节（包括了设计草图，遗憾的是设计草图已遗失），而且还对工期、付款和祭坛后期的组装等事宜做了事先的规定。芮门施奈德之所以获得这份合约，极有可能是因为得到了条顿骑士团的帮助。一封写给名叫尼克劳斯·莫利托尔（Nikolaus Molitor）的骑士团首领的信中表明芮门施奈德与他相识。条顿骑士团在米内尔施塔特拥有大量产业，并对这座市镇的教会享有管辖权。（图5-12）

图 5-11：纽伦堡日耳曼国家博物馆收藏的《三王来朝》（*Fragment einer Anbetung der hl. Drei Könige*）

国王袖口和衣领都有简洁的修饰，体现出类似稠密的织物或毛皮的质感。圣母、圣子和国王三人之间无交流。

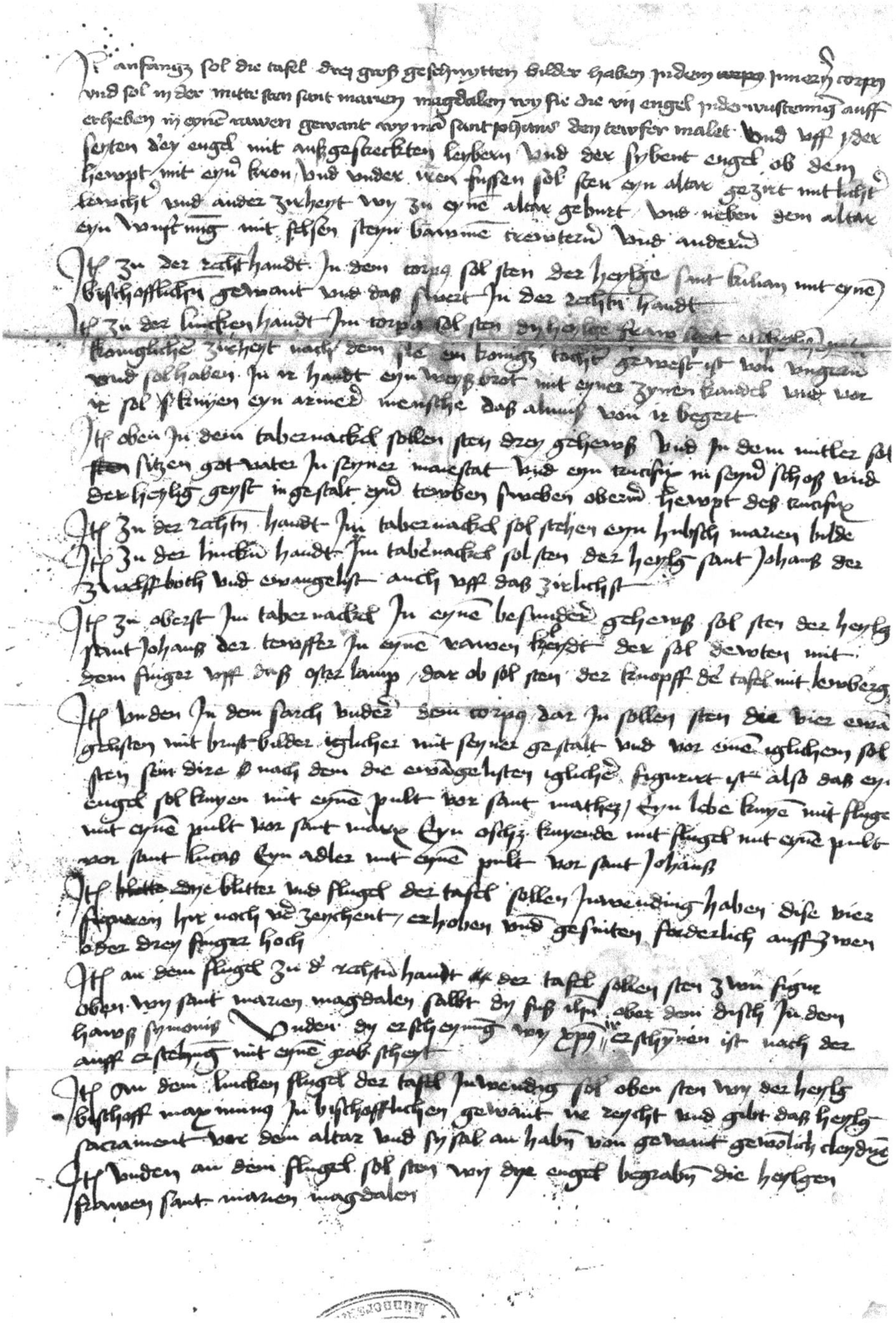

图 5-12：《玛德琳祭坛》合同，上面详细列出订购方对祭坛所提出的各项要求和细节。

根据当时的行业惯例，委托人和受委托工匠双方共同订立合同，在一张纸上把所涉及的具体要求（从设计款式到施工的技术规格等细节）书写两次，然后把这张纸一分为二，委托人和工匠各执一份。

在合同中[68]，委托人对于祭坛的设计细节（人像及装饰）的要求被记录下来：

> ……此外，祭坛主体部分应该由三个大型的人像雕塑构成；最中间是站姿的圣玛利亚·玛德琳，她被七个天使所环绕，呈漂浮状。圣玛德琳穿着原始的外袍，就像人们画的施洗者圣约翰所穿的那样。在圣玛德琳两侧各有三个天使，他们的身躯是伸展的。第七个天使位于圣玛德琳头颅的上方，他拿着一顶王冠。在圣玛德琳脚下应该有一个祭坛，上面布置着烛火和其他的饰品，圣玛德琳就像是从祭坛里诞生出来的。在祭坛两侧则各有岩石、石头、树木、草木等装饰。
>
> 此外，祭坛主体的靠右部分应该是站姿的圣徒圣基利安，他身着主教的法衣，右手执剑。
>
> 此外，祭坛主体的靠左部分应该是站姿的圣徒圣伊丽莎白[69]，她戴有象征王家的装饰，用以表明她作为匈牙利国王之女的身份。在她手中应该持有一只白面包，另一只手上应该拿着一只锡壶。在她前面应该跪着一个穷人，正期待着她的施舍。（Kalden-Rosenfeld：pp. 31）

《玛德琳祭坛》于1492年完工。在其后的岁月中，不同时代的人们都会按照当时的审美习惯对祭坛做出一些修改，特别是到了巴洛克时代，人们对奢华风尚的偏爱，让古朴的《玛德琳祭坛》遭遇了整体改建。到1831年，整座祭坛被彻底拆散——这也是今天这座祭

---

68. 虽然中世纪晚期的雕刻家要受到合约委托人（或赞助人）对作品题材、雕像样式等方面的制约，但是他们并非只是单纯地履行合约，完美地完成客户所提出的要求，而是仍然在寻找机会表达个性、进行创新。即便是米内尔施塔特《玛德琳祭坛》的委托人对这件作品的设计有详尽的文字说明，芮门施奈德还是在雕刻过程中对设计中的细节做出大量的修改，体现出他独特的雕刻风格。应该说，艺术家崇高的声望源自他的创造力和个性化。这也是那个时代，艺术家开始有意识地张扬自己的个性，在千人一面中寻求个人风格上的标新立异。这被看作是新时代艺术家个人意识的觉醒。（Kemperdick：pp. 82）

69. 圣伊丽莎白是条顿骑士团的守护圣人。

坛上的众多雕像会散落到慕尼黑、柏林和其他一些地方的博物馆中的原因。但是值得庆幸的是，总体而言《玛德琳祭坛》仍然被相当完整地保存下来。除了遗失了部分雕像，祭坛整体结构并没有遭到破坏。祭坛顶部（Gesprenge）的“圣母玛利亚像”，祭坛基座中“圣马太的天使”和“圣约翰的鹰”，祭坛顶部第一层“圣三一像”（Gnadenstuhl，有时也译作“圣座”）中代表“圣灵”的“鸽子”，以及祭坛主体中围绕玛德琳的七天使中的位于她头顶手持王冠的“大天使”的原件都已不见，用来安置祭坛主体部分的原有木架也已经丢失，但是其他更具艺术价值的木塑都被妥善保存下来——它们如今主要被收藏于慕尼黑的巴伐利亚国家博物馆和柏林的国家博物馆中。我们今天在米内尔施塔特圣玛利亚—玛德琳教堂中所看到的《玛德琳祭坛》其实是一件完成于1981年的复制品。

玛利亚·玛德琳（Maria Magdalena，也被译作抹大拉的玛利亚）是米内尔施塔特教堂的主保圣人，也就自然成为这座教区礼拜堂主祭坛上的核心人物[70]。根据基督教《新约》中的记载，玛德琳长达30年独居洞穴辟谷苦修，每逢日祷就会有天使把她带往天际，让她聆听天堂的圣乐，这使她的精力恢复充沛。芮门施奈德为了突出女性身上的“原罪”[71]，他把玛利亚·玛德琳刻画成一个全身披满毛发的女人，仿佛她的这件“外衣”就是缠绕着她、从她身上恣意生长出来的皮毛——玛利亚·玛德琳只有乳房、双膝和脚裸露在外——这一设计让玛德琳充满了野性的魅力，同时表现出她强大的生命力。[72]（Warnke：1999，pp. 72－73；Wetzel：2011，pp. 146－149）（图5-13）

《玛德琳祭坛》的主体部分是位于祭坛中央圣龛上的雕塑作品《升天的圣玛德琳》（*Himmelfahrt Maria Magdalena*），她被7个飞翔的天使所环绕。在玛德琳左右，是圣伊丽莎白（St. Elisabeth）和弗兰肯地区的圣徒圣基利安（St. Kilian）。

祭坛两翼上共有4幅浮雕，叙述了玛德琳一生中最重要的4个片段。左翼上部为第一幅《西蒙家的宴席》（*Gastmahl im Haus des Simon*），表现耶稣与玛德琳的相遇；左翼下部为第二幅《复活的耶稣在玛利亚·玛德琳面前》（*Erscheinung des auferstandenen Christus*

70. 这座天主教堂至今仍被称作圣玛利亚·玛德琳教堂（Kirche St. Maria Magdalena）。

71. 其实回溯玛德琳这一形象在基督教教义中的演变，可以看到她的形象被混入了很多其他女性人物的故事，其身份也从耶稣最亲近的伴侣演变成追随耶稣乞求救赎的妓女，成为一个有“罪”的女人。

72. 玛利亚·玛德琳的胸部一直到17世纪都被后来补雕的毛发所遮盖。（Kirsch：pp. 94）

图 5-13：玛利亚·玛德琳的造型

图 5-14：四幅浮雕

vor Maria Magdalena），这是中世纪艺术中一个重要的宗教主题“禁止接触（Noli me tangere）”，表现玛德琳是第一个知晓耶稣复活的人；右翼上部为第三幅《玛利亚·玛德琳的最后圣餐》（*Die letzte Kommunion der Hl. Maria Magdalena*），浮雕中的玛德琳与她在祭坛中央的圆雕在造型上保持了一致；右翼下部为第四幅《玛利亚·玛德琳的葬礼》（*Grablegung der Maria Magdalena*）。

芮门施奈德很好地在浮雕中设置出主要人物之间情绪上的矛盾性，强化了整个场景的戏剧冲突。比如在第三幅浮雕《玛利亚·玛德琳的最后圣餐》中，虔诚的玛德琳谦恭地跪在坚硬的砧石上，与她相对的是表情傲慢的马克西敏主教，他把最后的圣餐递到女主人公面前。（图5-14）

在祭坛的基座上是四尊福音使徒的坐像，这些使徒各自带有代表性的符号。四使徒的坐像是按照《圣经》中《四福音书》的顺序排列的。由左至右依次是带天使的马太、带狮子的马可、带公牛的路加和带鹰的约翰。只是马太的天使和约翰的鹰被遗失了，这两个配件应该是与人物主体分开单独雕刻的，马可和狮子、路加和牛则是完整的作品。也可能天使和鹰分别置于使徒的头顶上方。马太和约翰的长袍没有时代特征，相对地，马可和路加却穿着芮门施奈德时代人们惯常穿的外罩与便帽，就像中世纪晚期的人文主义学者们的装束。马太和约翰是耶稣的门徒，而马可和路加则是彼得和保罗的学生。四使徒在中世纪被作为《福音书》的作者受到人们特别的尊敬。

马可端坐在一张木椅上，注视着手中的书。他的手上筋脉清晰，两只手拿着打开的书。马可是4个人中年龄最大的，他微胖的脸庞上，额头与双眼周围都布满皱纹。他双唇微启，仿佛在吟诵书中的内容，可以看到上颌的门齿。长及脖颈的卷发和面孔是芮门施奈德雕刻年老无须的老人的惯用技巧，在他日后的作品中也一再出现。

路加是芮门施奈德作品中最为打动人心的形象之一。坐着的路加稍微向左倾斜上身，他的左手抚摸着身侧俯卧的公牛，右手拿着罩袍的衣襟在擦拭右腿上平放着的一本书的封面。原本搭在左肩上的罩袍向地面垂落下来，披在左腿上，形成了很多褶皱。他的头向左肩歪着，仿佛正陷入沉思。路加拥有一双杏仁状的眼睛，下眼睑带有多重皱纹，笔挺的鼻子，薄薄的嘴唇，鼻翼两侧的法令纹让颧骨更加明显。他的下巴小而有力，下巴尖上还有一个小窝。

这些体态消瘦的中年男性形象，他们最大的共同点就是都带有忧郁的神情，这成为贯穿芮门施奈德一生的艺术特征之一，也可以被看作是芮门施奈德在塑造这类形象时所形成的一种容貌原型（Gesichtstypus），这是今天用于鉴定未知作品的作者身份时非常有效的一项标准。（图5-15）

祭坛顶部的尖塔部分被分作两层，第一层采用了“圣三一”主题，上帝怀抱着基督的尸身，它的左侧原本应该是圣母像，可惜已经遗失，右侧是福音约翰的立像，尖塔的第二层是一尊施洗约翰的立像。（图5-16）

蒂尔曼·芮门施奈德在《玛德琳祭坛》上出人意料地放弃了当时雕刻家惯用的彩绘装饰，仅采用了“单色”对祭坛进行简单的处理。这在当时是一般人不敢想象的——直到15世纪末，几乎所有的中世纪木雕艺术品都是彩色的，并且还会镶贴金箔进行装饰。不言而喻，这种彩绘装饰非常昂贵，除了要使用贵重的材料，还需要工匠运用精细的彩绘工艺。

图 5-15：福音四使徒

图 5-16：祭坛的“圣三一”雕像

而彩绘工艺往往也会通过色彩改变一件雕刻品创作者的初衷，赋予它新的结构和意义。彩绘工艺需要在雕刻品的木料表面刷上厚厚的胶料涂层，然后以白浆打底，上面再一层层粉刷颜料，这就必然把木材原有的纹路以及雕刻细腻的处理都遮盖住了。

去掉了彩绘，其实就是让雕刻焕发出独立的生命力，获得其自身的价值。“单色雕刻”这一革命性的创新将极大改变人们对雕刻的理解：雕刻是立体的，它是平面、材质、形态三者有机组合的整体。涂抹在平面上的色彩不再是表现形象的最重要的工具，而是让位给雕刻——立体的造型以及变换的光影将成为最强有力的艺术表现手段。花纹装饰不再是通过绘画完成，而是通过刻刀在木材表面运用多种雕刻技法来实现。

在芮门施奈德的这些“单色”作品中，他只是给雕像的眼睛点上黑色的瞳仁，嘴唇画上淡淡的红色。其他部分只是刷上一层透明的清漆（Leimlasur）。清漆是由颜料和油混合而成的。在祭坛中心的玛德琳木雕的眼睛上，我们可以清晰地区分出她的眼睑、虹膜与瞳孔。

在浮雕《复活的耶稣在玛利亚·玛德琳面前》（其实另外两幅浮雕《玛利亚·玛德琳的最后圣餐》和《玛利亚·玛德琳的葬礼》也有同样的表现）中，芮门施奈德采用繁密的“之”字形线条刻画树木和绿草，创造出充满生机的背景。除了两位主人公栩栩如生的手、脸、头发以及衣服的贴边之外，芮门施奈德雕刻出的篱笆、门还有旗帜的飘带，都体现出作者精湛的技艺。如果我们仔细观察，缠绕在玛利亚·玛德琳腰间的细带上也带有荆棘状的圆形纹饰。（Kalden－Rosenfeld：pp. 37）

芮门施奈德很注意作品的整体布局以及纹饰间的节

图 5-17：玛利恩礼拜堂

奏，平整光洁的表面配合精雕细刻的局部可以实现强烈的对比效果和运动感——比如还是在《复活的耶稣在玛利亚·玛德琳面前》中，为了凸显耶稣和玛德琳这两个主要形象，作者采用了螺旋状的飘动的织物以及耶稣袒露出的光滑肌肤，与背景中繁密的草地和有序排列的篱笆形成对比。此外，浮雕的背景也带有丰富的戏剧性，在刻画山洞中沉睡的圣徒彼得时也同样运用了这种节奏性的对比——圣彼得细密的须发和衣褶同留白处理的大块岩石之间形成了对立。

但是芮门施奈德的创新对于罗恩山区的乡民们而言实在是太超前了！10年后，米内尔施塔特的人们再也抑制不住对彩色祭坛的执着追求，他们委托刚刚逃离纽伦堡、恰巧逗留在此的著名雕刻家维特·史托斯来完成《玛德琳祭坛》的彩绘工作[73]。

（二） 维尔茨堡的玛利恩礼拜堂（Marienkapelle）系列石雕，砂岩

玛利恩礼拜堂是一座属于维尔茨堡市民的哥特式城市教堂，它位于维尔茨堡城市的中心、市场广场的边缘。这座教堂自1376年就开始动工兴建，前后建了长达100年的时间，直到1479年才告落成。（图5-17）

1、《亚当》(*Adam*)与《夏娃》(*Eva*)

《亚当》与《夏娃》这两件造型逼真的雕像表现出芮门施奈德精湛的雕刻技法与高超的现实主义风格，被艺

73. 维特·史托斯收取了220古尔登的酬金。他还创作了一组共4幅镶板画，采用了“盖拉纳的密谋（Verschwörung der Gailana）”这一主题，表现了“弗兰肯圣徒基利安殉道”这一故事。

术史学者卡尔·贝克尔誉为与出自尼德兰画家扬·凡·艾克之手的《根特祭坛》（*Genter Altar*）不分伯仲。

1490年11月8日，维尔茨堡市议会决定，把玛利恩礼拜堂南门侧壁上面的《亚当》和《夏娃》塑像搬到教堂里面重新安置——这两尊石雕完成于1420至1430年前后。市议会同时决定将委托蒂尔曼·芮门施奈德雕刻两尊全新的《亚当》与《夏娃》石像[74]，以及为礼拜堂的外立面制作其他一些塑像。

正式的《委托书》是在1491年5月5日由维尔斯堡市长亲手交到芮门施奈德手中的。《委托书》中还包括了详尽的施工和设计上的规范要求，比如"亚当"和"夏娃"应该是石雕，雕像的高度应该比真人略高（比芮门施奈德本人高三指）。两尊塑像都要有配套的华盖和基座。至于华盖上的装饰性雕刻，直到1492年1月19日才最终在合约中确定，采用"天使报喜（Der englische Gruß）"[75]和"禁止接触（Noli me tangere）"[76]这两组主题。施工规范上没有明确规定"亚当"和"夏娃"的相貌姿态，因此有学者推断这两尊雕像是由芮门施奈德独立设计完成的。因为在1492年12月21日，这已经比最初约定的交货日期1492年7月迟了近半年，维尔茨堡市议会通过投票最终决定，认可了芮门施奈德为"亚当"设计的新造型——这是一位没有胡子的"亚当"——这一造型在当时可并不多见。（Kalden-Rosenfeld：pp. 47；Kemperdick：pp. 81）

芮门施奈德为这项工作收取了110古尔登的薪酬，此外根据委托合同，如果芮门施奈德的作品在工艺上确属出类拔萃，他还将在完工后额外获得10古尔登的奖金。1493年9月，《亚当》和《夏娃》这两尊石雕最终完工，被正式安置在玛利恩礼拜堂南门外侧墙壁的神龛上。《亚当》塑像在门的左侧，它头顶的华盖装点着天使长加百利和圣母玛利亚组成的"天使报喜"，以暗示耶稣是"第二个亚当"。门右侧的《夏娃》与华盖上的"禁止接触"主题也形成呼应，把夏娃与被赦免的罪人玛利亚·玛德琳联系在一起。

---

74. 芮门施奈德的《亚当》和《夏娃》原作现在收藏于维尔茨堡美茵弗兰肯博物馆，玛利恩礼拜堂上的《亚当》和《夏娃》是1975年的仿制品。

75. 该主题其实与"圣母领报"所述及的事迹一致。

76. 直译应为"不要碰我"。这是表现耶稣在复活后，与他最亲密的追随者玛利亚·玛德琳（也被称为抹大拉的玛利亚）的相会情景。玛利亚·玛德琳想要触摸耶稣的伤口，被耶稣以这句"不要碰我"所阻止。

《亚当》和《夏娃》这两尊雕塑在形态上也是彼此呼应的，“他们”仿佛正是对方的一个镜像。他们的身体都是以大正面直接面对教堂前的广场。“亚当”的重心放在了左腿上，右脚稍微向前探出半步，头轻轻地歪向左侧，上身却努力拧向右边，整个身体呈现出“S型”；与他相对，“夏娃”用右腿支撑着身体，她左脚向前，头侧向亚当的方向，上身则相反，她的整个身体呈“反S型”。两个人都用左手拿着无花果树叶，遮盖自己的私处。[77] 为了体现“夏娃”的原罪，她的右手抓着苹果——这是原罪的象征——还有一条蛇高高地昂起头，攀附在她的小腿上。

《亚当》与《夏娃》的人物造型应该受到过上莱茵地区人像雕刻的影响。为了与人像背后光滑的墙面形成对比，芮门施奈德为人像上面设计了高耸的华盖，从而让“亚当”与“夏娃”获得了升腾感。在芮门施奈德手中，“夏娃”呈现出来的首先是美，而不是罪[78]。

有关“亚当与夏娃”的故事大家应该是耳熟能详的。在《圣经·旧约》“上帝创世”的故事中，上帝创造了亚当和夏娃这对人类的先祖，他们无忧无虑地生活在伊甸园中，直到一条蛇诱骗他们吃下了智慧树上的智慧之果（苹果）——这是上帝禁止他们食用的。于是亚当和夏娃被上帝逐出伊甸园，他们在尘世中艰辛地生活，经历种种苦难与死亡。从此，亚当和夏娃成为了真正的“人”。其实，我们在《亚当》和《夏娃》这两座雕塑上，并看不到尘世生活中的艰辛在他们身上留下过痕迹。他们看上去是青春的，也是无辜的，他们的身姿是柔软的，这让他们的表情也显得更加温和。

《亚当》和《夏娃》的身体并没有严格遵照人体解剖学的结构进行雕刻，他们反而是以一种近乎完美的理想化的形象被呈现出来。（图5-18）

这组雕像最卓越的特点是，亚当和夏娃脸上露出的伤感而惆怅的情绪，这种忧郁感（Melancholie）让作品在情感上超越了中世纪艺术，让它直接跨入了近代。源自原罪的痛苦仿佛是遥远的记忆，而洗涤当下的罪恶才是新的痛苦的根源。（Krohm: 1999, pp. 62）

应该说，芮门施奈德所雕刻的“亚当”，打破了当时艺术圈主流的亚当造型。此前艺术家笔下的亚当是人类之父，他是留着胡须的成年男性，犯戒获罪被逐出伊甸园；但是在芮门施奈德这里，亚当成了一个青年，他光洁的下巴、忧郁的神情，都展现着他的无辜。

---

77. 对比1894年的照片，当时亚当的左臂和左手都还完整保存着。可惜今天两人的左手都已被损毁。
78. 这或许同时也在暗示上帝对世人的慈爱，他终会赦免人类的原罪。

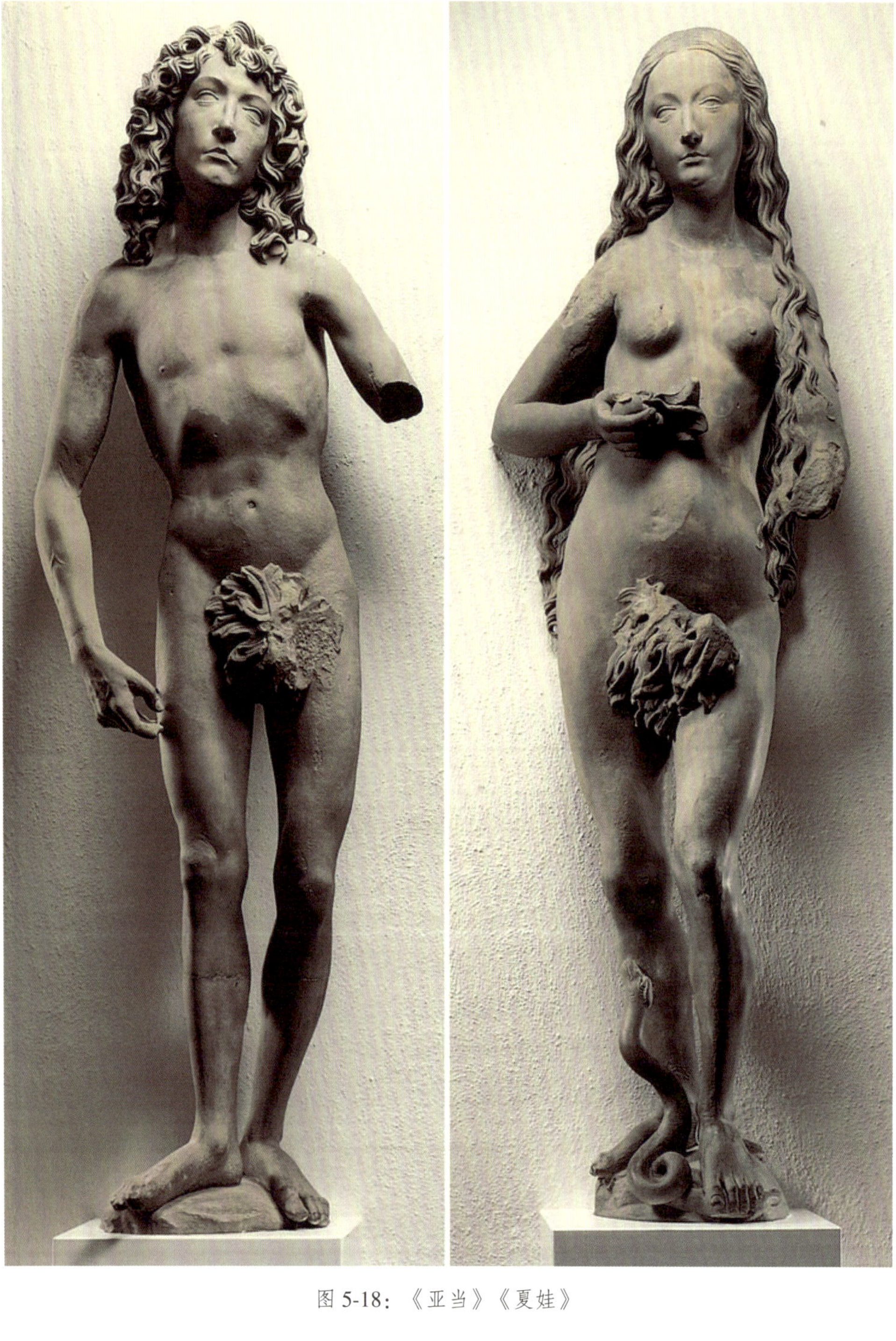

图 5-18：《亚当》《夏娃》

亚当修长的身材、轻盈的体态，都让他与身形圆润、重心较低的夏娃形成鲜明的对比。但是亚当的身躯还是浸透着晚期哥特式精神。把他与10年后丢勒铜版画上的亚当对比，你就会很清晰地看到晚期哥特式和文艺复兴式人像的巨大区别。芮门施奈德把亚当塑造成消瘦的少年，他将正面大方示人；在丢勒那里亚当重新变成了成熟的男人，他拥有强健的身躯，头部却被采用了侧面像的形式，就像是古希腊陶罐上彩绘的英雄。如果说芮门施奈德的亚当是被夏娃诱惑的牺牲品，那么丢勒的亚当则主动去迎接夏娃的诱惑。

“亚当”的容貌其实与《维普林格祭坛》上的或是米内尔施塔特《玛德琳祭坛》基座中的使徒约翰非常相像。他们不仅都留着垂肩的卷发，而且有一小束头发竟不约而同地都盘在了额头。当然，亚当的脸比使徒约翰更为消瘦，线条也更加分明。这种容貌刻画的原型被芮门施奈德在日后的岁月里不断应用，几乎出现在他塑造的所有青年男性形象中，比如天使和大天使长、穿着主教法衣的圣人，以及绝大多数圣塞巴斯蒂安的雕像上。

与带着“禁欲”色彩的亚当相对，芮门施奈德的“夏娃”妩媚而优雅，或许为了表现“女性自我意识的觉醒”，夏娃的姿态甚至有些不由自主地卖弄风情。传记作家汉斯－克里斯蒂安·基尔施（Hans－Christian Kirsch）甚至认为，如果从解剖学的角度上来看，“夏娃”的模特应该是一位生育过的女性。在芮门施奈德的刻刀下，“亚当和夏娃”不再只是神性的，而是兼有人性的。它们既是上帝教谕的载体，同时又代表了独立的人性的个体。（Kirsch：pp. 103）

2、《骑士康拉德·冯·沙姆贝格墓碑》

（*Grabdenkmal des Ritters Konrad von Schaumberg*），1499或1500年

如前所述，德国中世纪晚期雕塑艺术最重要的两大类型，一个是祭坛，另一个就是墓碑。祭坛属于宗教性艺术，它的出现是为了满足基督教在宗教仪式中的需要，而墓碑则完全是世俗性的作品，它的定制者往往是领主贵族。[79] 在芮门施奈德创作的初期，他就已经在这两个领域中都展现出自己的才华。

79. 当时的墓葬雕刻形式多样，包括竖立的纪念性墓碑或者棺盖上的浮雕，很多人在有生之年就已经开始准备身后之事，委托工匠制作墓碑。由于教堂中存放的“圣髑”被看作拥有拯救灵魂的能力，社会上层人士也越来越多被安葬在教堂，墓碑也变得越来越华美。

《骑士康拉德·冯·沙姆贝格墓碑》是在1499至1500年制作的，它被陈放在维尔茨堡玛利恩礼拜堂内，靠近礼拜堂的西侧正门。康拉德骑士的面孔与教堂南门外墙上的亚当有几分形似。虽然康拉德站立的姿势与亚当略有不同，但是整体而言，两者无论是五官的刻画还是身体的姿态，都呈现出一致性。如今没有文字资料可以佐证这座墓碑出自芮门施奈德之手，但是从两件作品风格上所呈现出来的亲缘关系看，毋庸置疑芮门施奈德是这座墓碑的雕刻者。（图5-19）

康拉德·冯·沙姆贝格是出身于弗兰肯本地的贵族，1499年他从耶路撒冷圣地渡海踏上朝圣返乡的旅途，11月30日死于途中。墓碑的主体是康拉德的戎装塑像，身穿全套甲胄，[80] 两脚踏着一只卧倒在地的狮子。狮子的前爪抱着一面盾徽，还有一面盾徽在狮子的尾部。在康拉德头部的左右，还有另外两面盾徽，其中左侧略有残缺的那枚纹章是冯·沙姆贝格家族的徽纹。在人像上面有一段石刻的铭文，简短介绍了墓碑主人康拉德的身份、死因及时间。中世纪墓碑的制作原则，原本并不追求死者雕像与其生前本人肖似，而是要努力突出死者曾经的地位身份——像墓志铭、盾徽和甲胄这些装饰，其实是在不断强调康拉德属于冯·沙姆贝格家族的一员。而"骑士康拉德"像有一处异于寻常的地方，那就是他并没有戴头盔，这让他的面容尽可能多展现出来。尽管康拉德是以理想化的形象被呈现，但是芮门施奈德还是尽可能让他表现出更多个性化的特征，比如透过他微微歪着的头、卷曲的头发、高挑的眉骨、放空的眼神、紧闭的双唇，我们看到他更为人性化的一面——他生前的某种坚持以及为身后遗留的喟叹。[81]（Kalden-Rosenfeld：pp. 51）"骑士康拉德"表达的不再只是他个体的命运，同时也在暗示整个封建骑士阶层的命运——他不再是一介武夫，而更像是一位思考者。他的脸上透出淡淡的伤感，同时又有对信仰的虔敬和平静谦逊的人格。康拉德成为中世纪之秋的最后一位骑士，他成为骑士阶层最完美的图示。（Kirsch：pp. 113）

如果我们进行横向比较，那么《骑士康拉德·冯·沙姆贝格墓碑》与芮门施奈德在同

80. 他的头盔应该放置在他的左脚外侧，如今已经遗失。

81. 在《骑士康拉德·冯·沙姆贝格墓碑》上，甲胄几乎遮盖了人物的全身，只有他的头部是有可能呈现个性特征的部位。与同时代绝大多数贵族骑士的墓碑相比——很多人都是全身披甲、头顶冠盔，根本无法表现他们的私人特征——没有头盔的康拉德骑士反而巧妙地展现出自己的些许个性化特点。

时期完成的“圣乔治”像有极其密切的关系。

目前收藏于德国柏林国家博物馆的木雕《圣乔治屠龙》（*Hl. Georg im Kampf mit dem Drachen*）是芮门施奈德现存最早的作品之一，整件作品在材质上采用椴木，雕刻技艺上乘，被认为是芮门施奈德亲手完成的作品，雕刻时间在1500年左右。整件作品在早期极有可能是彩色的。

图 5-19：《骑士康拉德·冯·沙姆贝格墓碑》

作品中，“圣乔治”身着全副铠甲立于马上，右手高高擎着长剑，正要蓄势斩杀被踏在马下的恶龙。无论从结构还是从细节来看，圣乔治身上的甲胄与康拉德骑士墓碑上的盔甲非常接近，而且他们穿戴盔甲举重若轻的感觉也近乎一致——人们在现实中穿着沉重的板甲时，是根本没有办法像墓碑上的人物那样展现出一副轻盈的姿态的。此外，圣乔治与康拉德骑士在容貌上也有诸多共通之处，比如略微倾斜的眼睛、修长的鼻梁、扁着的嘴形和凸起的颧骨，这些都符合芮门施奈德15世纪90年代在雕刻男性形象时所形成的风格化特征。其实在同时期的其他作品上，如米内尔施塔特《玛德琳祭坛》上的《福音约翰》、慕尼黑巴伐利亚国家博物馆收藏的《圣塞巴斯蒂安》（*Hl. Sebastian*）（约1490年）和维尔茨堡玛利恩礼拜堂的《亚当》，都可以清楚辨识出这些特征。更为重要的是，圣乔治与骑士康拉德所展示出来的神态也近乎一致——那是一种隐藏在人性深处的忧思。圣乔治的双眼并没有紧盯住被他踏于马下的恶龙，而是茫然地望着雕刻之外的某处，投射出他——更确切地说是芮门施奈德——面对中世纪晚期那个风起云涌的大时代，作为个体在心灵深处泛起的强烈伤感。（图5-20）

图 5-20：《圣乔治屠龙》

虽然《圣乔治屠龙》是一件圆雕，但是它的正反两面在雕刻的质量上差别很大。也许是考虑到树干本身的木质条件和年轮的纹路走势，芮门施奈德在雕刻过程中用靠近年轮圆心的部分完成雕塑的正面，用靠近树皮的部分制作塑像的背面。因此，这座雕塑的正面在水平轴向上呈现为一个大约80度夹角的圆弧，雕塑中的3个角色全都面向观者，其中圣乔治和马采用了半侧面的角度。在垂直方向上，圣乔治、马和龙则组成了一个完美的正金字塔结构，为了照顾水平方向上的弧线，圣乔治和马的重心全部放在了左半身——马的左前蹄结实地踏在恶龙的头顶，恶龙的左爪试图握住圣乔治的左脚——马的右前蹄和骑士的右脚与恶龙是没有接触的。这种空间上的连贯与中断让整件作品充满了动感。

“圣乔治”造像的重新流行与中世纪晚期哈布斯堡家族想要进一步扩大皇权有关。哈布斯堡家族把骑士精神和基督教骑士团作为扩大中央权威的基础，弗里德里希三世在1469年创立了圣乔治骑士团，马克西米利安一世推行帝国改革。这些都与“圣乔治”造像复兴互为前提。（Husband：pp. 236－238）

3、《使徒群像》(*Der Apostelzyklus*)

当还在讨论制作两座全新的《亚当》和《夏娃》雕像的时候，1490年，维尔茨堡市议会就已经打算要为玛利恩礼拜堂定制更多用于外墙装饰的圣像。这些雕像将被放置在教堂外侧扶墩（Strebepfeiler）上的壁龛中。这些原本是用于加固这座哥特式教堂墙体的扶墩完整得环绕着布道坛，还从东向西包围了教堂的半个中厅（Langhaus）。1492年2月，维尔茨堡市议会决定，应该在扶墩上安放12尊圣徒像。[82] 同年，制作第一批雕像所需的砂岩石料已经在柯尼希斯霍芬（Königshofen）采石场投入开采，分别于1497年和1499年运抵维尔茨堡。芮门施奈德利用这些石料雕刻了14尊大型圣像（高浮雕），它们最终于1506年被安放到玛利恩礼拜堂的外墙扶墩上。除了耶稣的十二门徒之外，他还雕刻了耶稣和施洗约翰。这两尊圣像被放置在教堂南门外侧的石壁上，就在《亚当》和《夏娃》的上面。维尔茨堡市议会支付给芮门施奈德的工钱是每尊圣徒雕像10古尔登。

从19世纪后半叶到20世纪初，这14尊圣像原件——除了“大雅各布（Jakobus der Ältere）”——都被从扶墩上用复制品替换下来，放入维尔茨堡主教座堂和美茵–弗兰肯博

82. 根据会议记录：“...VON STEIN HAWEN LASSEN DIE HEYLIGEN ZWELFBOTTEN INN DIE LEREN STETTE AUSSEN HERUMB AN DER CAPELLEN GEGEN DEN JUDENPLATZ。”

物馆收藏。大雅各布却一直站在最初的位置直到1992年，其间人们一直认为它是一件复制品，而原作早已下落不明。直到人们采用最新的技术手段对它进行检测，才证实它就是那件原作。如今，《大雅各布圣像》被陈列于主教座堂博物馆。而制作这14尊圣像的复制品也几近跨越了整整一个世纪，从1907年开始制作第一尊复制品一直到1992年的最后一尊，复制品都是通过人造岩石浇筑技术（Steinguss）制作而成的。

与《亚当》和《夏娃》两座塑像相比，《使徒群像》的制作工艺较为粗糙。究其原因可能是这些石像的摆放位置较高，不需要大量细节上的精雕细刻；当然，较低的薪资也可能是另外一个原因。此外，我们今天在博物馆中以平视的角度近距离观看这些雕像时，就会发现雕像们无一例外都存在比例问题：圣徒们的头部更大，下半身较短。其实这是观察视角和距离的改变所造成的——当初人们是要从教堂外的广场上仰头观看这些雕像的。还有一点就是，这14尊石雕之间存在着明显的质量上的差别，特别是对容貌和织物褶皱的处理上，可以表明学徒参与了雕像的制作过程，甚至独立完成了某些圣像的大部分工作。（图5-21）

比如我们对“使徒菲利普（Apostel Philippus）”和“使徒犹达·达太（Judas Thaddäus）”进行细致的比较，就会将大师手笔与学徒作品之间区分开来。

“使徒菲利普”是这组圣徒塑像中最具表现力和最广为人知的形象。他是一个上了年纪的男人，有一副丰腴的面孔，带着内向化的自省的神情。圆圆的脸盘、卷曲的短发，让他这张脸显得非常安闲生动。他丰满的脸庞通过粗短的脖子被进一步强调，同时这让我们只能看到他略微凸起的下巴。菲利普的双眉在眼睛上面弯成弓形，颧骨也不甚明显，鼻翼两侧的法令纹从下面刻画出颧骨的边缘，带动面颊向下。菲利普杏仁形的双眼，下眼睑上

图 5-21：使徒群像

图 5-22：“使徒菲利普”和“使徒犹达·达太”

带着明显的细纹，细长的鼻子和小巧柔软的嘴，以及柔和光洁的脸，这些都是芮门施奈德早期作品的惯用形式。因此菲利普的脸应该是芮门施奈德亲手雕刻的。（图5-22）

“使徒犹达·达太”的造型则在很多地方背离了芮门施奈德的形式。犹达·达太被塑造成一个年轻人。修长的面孔，松软的卷发像是戴着一顶便帽，头发一直垂到他的肩上。他的嘴微微张着，好像在说着什么。与神情内化的菲利普相比，犹达·达太无疑是一个张扬外向的人。这与芮门施奈德塑造人物气质的整体风格不符。犹达·达太的面部某些部分无法与脸部整体保持一致，如对颧骨或下颌的刻画就过于机械，起伏不够立体自然，眉眼的关系也非常生硬，人物双唇紧绷，而不像菲利普那样放松。犹达·达太的五官缺少有机的协调性，破坏了人像面孔浑然一体的效果。因此，这很可能是某个学徒的作品。在《使徒群像》中，在“圣徒托马斯（Apostel Thomas）”身上也可以发现相似的问题。

（三）《主教鲁道夫二世·冯·席琳贝格墓碑》（*Grabdenkmal des Bischofs Rudolf II. von Scherenberg*），维尔茨堡，维尔茨堡主教座堂，红色大理石

1496年10月21日，蒂尔曼·芮门施奈德接受维尔茨堡大主教劳伦斯·冯·比普拉的委托，为上一年辞世的前任主教鲁道夫二世·冯·席琳贝格雕刻一座墓碑，墓碑将被陈列在维尔茨堡主教座堂的正堂中。（图5-23）

1495年4月29日，鲁道夫二世主教以93岁高龄去世。尽管按照合约，《席琳贝格墓碑》应该在1498年圣灵降临节前完工并安放，但是这项工程一直被拖到1499年7月。整个雕刻工作的薪酬总计是250古尔登。

墓碑上的鲁道夫主教是一个老人的形象，身穿主教法衣，头顶法冠。也许是帽冠过于厚重，他整个上身都显得倚在后面的石墙上。他左手紧握曲柄的牧杖，代表着宗教神权，右手扶着长剑的剑柄，剑尖直指地面，象征着世俗权力。在主教的脚边有两只抱着盾徽的狮子，狮子拥抱的徽纹以及主教腰际左右的纹章，都代表了他的家世出身。在他头部有两个天使手擎着另外一对盾徽，这是维尔茨堡大主教和弗兰肯公爵的标志。

鲁道夫主教像上面是一座哥特式华盖，华盖上矗立着数层镂空的尖塔。在华盖上面原本应该有一块刻有徽纹——带有头盔和盾徽的徽纹——的石板，但是没有保存下来。在主教雕像之下的基座上层，有一块由两名天使扶持的石板，石板上刻着铭文。基座的下层是一面“雄狮斗恶龙”的浮雕，如今几乎完全被掩埋在地下，露在地面的边缘依稀可以辨认出狮子的尾梢——在《主教劳伦斯·冯·比普拉墓碑》的基座部分，也有一些相似的浮雕图案，我们今天仍然可以看到。《主教鲁道夫二世·冯·席琳贝格墓碑》至今仍然有部分保留着彩色。根据对鲁道夫主教雕像进行的技术手段分析发现，他的眼睛最初看向完全相反的方向。（Kalden－Rosenfeld：pp. 57）（图5-24）

芮门施奈德与劳伦斯·冯·比普拉主教订立的合约中，对墓碑的样式做出了详尽的规定：这是一尊以大理石为材质的主教造像，主教应该身着弥撒法衣，并以权杖和宝剑作为配饰。上面两侧各有一个天使，他们分别持有代表主教区和公国的盾形徽纹。它们下面还有四个盾徽，分别代表主教祖系的家族渊源。雕刻中应包括鲁道夫主教的碑文，由两头雄狮扶持，以永久铭记这位主教。在雕刻的最上面要有一个神龛（Tabernakel，这里似指华

图 5-23:《主教鲁道夫二世·冯·席琳贝格墓碑》

图 5-24:《主教鲁道夫二世·冯·席琳贝格墓碑》细节

盖）。除了主教的雕像以外，其他雕刻应该采用砂岩。为了彰显主教的尊贵，应该在参照草图的前提下[83]，优美细致而技艺高超地完成整个雕刻。

尽管合约对墓碑雕刻预先做出了要求，而且还附有供芮门施奈德参照的设计草图，但是在细节上，芮门施奈德还是对设计方案做出了若干修改。[84] 他为墓碑增加了一对天使来扶持基座上层的铭文，以取代狮子的位置。他也没有用砂岩完成天使、狮子、盾徽等主教雕像以外的所有配饰物，而是采用了与雕像一致的大理石。[85]

《主教鲁道夫二世·冯·席琳贝格墓碑》是一件无论设计还是工艺均属上乘的作品。从1483年开始，鲁道夫主教就已经是初到维尔茨堡的蒂尔曼·芮门施奈德最主要的保护人和赞助人——这当然得益于蒂尔曼的叔叔尼克劳斯·芮门施奈德与主教的私人关系[86]。按照克罗姆教授的推测，这位具有改革思想的主教甚至很可能常年为芮门施奈德扮演着精神导师的角色。（Krohm: 1999, pp. 66）为此，芮门施奈德应该在这件作品上倾注了大量情感，整件雕刻浑然一体。我们可以推想，墓碑上的人像应该都是由芮门施奈德亲手完成的。只有某些不重要的结构性构件，比如华盖，应该是由他的学徒制作的。甚至在相对次要的墓碑框架设计上，《主教鲁道夫二世·冯·席琳贝格墓碑》与后来同样出自芮门施奈德之手的《主教劳伦斯·冯·比普拉墓碑》相比也更胜一筹。前者顶部尖塔交错的哥特式华盖看上去更像是一座教堂，主教立于高耸的斗拱扶壁之下极其威严，哥特式华盖也极大地提升了鲁道夫主教桀骜不驯的精神气质；而《主教劳伦斯·冯·比普拉墓碑》上的华盖则纯粹是装饰性的，与劳伦斯主教雕像之间没有直接的关联。

《主教鲁道夫二世·冯·席琳贝格墓碑》几乎成了颂扬这位主教的丰碑。他被塑造成

83. 芮门施奈德与劳伦斯主教双方订立的合约中有提到过鲁道夫主教墓碑的“草图（Ime Des，现代德语写作Images）”：“…WIE IME DES EIN VISIR BEHENDET。”很明显这幅草图不是由芮门施奈德完成的，而是出自他人之手。但是很可惜，我们现有的资料中却没有保留下这张设计图样。

84.《主教鲁道夫二世·冯·席琳贝格墓碑》在施工规程中所做出的规定已经足够细致，它所提到的造型元素基本都被雕刻家所实现。

85.红色大理石并非弗兰肯当地出产的石料，而是来自萨尔茨堡地区，它也被用作皇帝弗里德里希三世墓雕的原材料，尽管价格高昂，但是仍受到达官显贵的喜爱。

86. 尼克劳斯·芮门施奈德自1458年开始就为鲁道夫二世主教服务，是主教最亲信的高级官员，到主教1478年去世时他已经做到了教区的司库。（Baxandall: 1984）

一位有德之士、一位睿智的领主——他是弗兰肯圣徒基利安的转世化身。鲁道夫主教更像是一位神赐的主教，他将美德、智慧，还有改革的意愿集于一身。

《主教鲁道夫二世·冯·席琳贝格墓碑》在建筑结构上与其他前任主教的墓碑样式保持了一致，如戈特弗里德·申克·冯·林堡主教、约翰·冯·格鲁姆巴赫主教等，他们在维尔茨堡主教座堂中的墓碑也同样采用了“三段式”结构——墓碑的主题是主教雕像，雕像之上有华盖，雕像之下有基座。《主教鲁道夫二世·冯·席琳贝格墓碑》上唯一既没有被明确规定，又没有模仿其他墓碑的部分，就是鲁道夫主教的容貌。[87] 与个性化的肖像画不同，墓碑上的主教形象已经被类型化了。这种类型化符合中世纪晚期在墓碑上表现人物时的客观需要——在为死去的领主或地位显贵者设立墓碑时，其目的不只是要表达对逝者个体化的敬意，更是要彰显他所应有的社会地位的崇高价值。相应地，这位年老的鲁道夫主教不仅被塑造成目光如炬炯炯有神的形象，而且通过各种配饰不断提示瞻仰者们他生前作为采邑主教所拥有的巨大权力和尊崇地位。鲁道夫主教的雕塑难能可贵之处就在于，虽然墓碑雕刻要求尽可能弱化个性化表情，但是在芮门施奈德手下，这位年老的主教仿佛又重新焕发出生命的力量，他颇具个性化的表情——特别是他桀骜不驯的眼神——让他的头像不再只是源自素材库的各种形式要素的拼贴，而让他真正作为一个特定的人物个体流传于后世。

二、中期（1500—1515年）

16世纪最初的十五年是蒂尔曼·芮门施奈德一生中最高产的一个时期。在这一时期他创作了大量木雕和石雕，其中包括他一生最杰出的两件作品：罗腾堡的《圣血祭坛》和班贝格的《皇帝石棺》。

87. 因此，合约中所提到的草图，很有可能就是鲁道夫主教的一幅肖像画。很遗憾的是，一直也没有人发现过为鲁道夫主教绘制的肖像画。一个偶然的机会，在斯德哥尔摩的国家博物馆有人发现了一张素描，画上是一个年老的教士的头部特写。这位画上的老者被研究者认为是鲁道夫主教。与芮门施奈德刻刀下的主教形象相比，两者有极大的相似性，比如嘴形型和鼻子的形状，颈部和眼窝因皮肤松弛而形成的皱褶，以及凹陷的双颊。虽然并不能说这幅肖像画一定就是芮门施奈德当初拿到的那张草图，但是可以把它看作是类似草图的文本。（Kalden-Rosenfeld：pp. 59）

（一）《皇帝石棺》（*Kaisergrab*），
班贝格，班贝格主教座堂（1499—1514 年），石灰岩

图 5-25：《皇帝石棺》棺盖上的人像雕刻

最早的芮门施奈德传记作家卡尔·贝克尔把《皇帝石棺》誉为“那个时代不可多得的杰作”。贝克尔在《雕刻家蒂尔曼·芮门施奈德的人生与作品》（1849年）中写到那些人物身上流露着“纯粹而简洁的美，还有最深沉最高贵的情感……他（皇帝）的双手完美地展现出那种人性的忧伤”。他认为，芮门施奈德对人体的塑造完全基于他对自然最细致入微的观察和研究——这是北方文艺复兴艺术的核心内容之一，也因此让16世纪上半叶德国的雕塑艺术远胜过德国绘画所取得的成就。（Borchert：pp. 127－128）

1499年8月19日，蒂尔曼·芮门施奈德从班贝格主教官厅[88] 接手了新的委托合约，他要为已被封圣的海因里希二世皇帝（Kaiser Heinrich II.，亡于1024年）和库尼贡德皇后（Kaiserin Kunigunde，亡于1033年）制作一座全新的石制棺墓，这座石棺将陈设于班贝格主教座堂中。海因里希二世夫妇对班贝格教区有着特殊的意义，他们是班贝格教区最早的资助者和保护人；正是在海因里希二世统治时期，班贝格教区才被正式建立。因此，当地居民对这一对“皇家伉俪圣人”有着极其深厚的感情。（图5-25）

对皇帝海因里希二世的崇拜其实在他死后不久就已出现，1146年他被教皇尤金三世（Eugene III.）正式追封为“圣徒”。1200年4月3日英诺森三世教皇（Innozenz III.）追封库尼贡德皇后为“圣徒”，从而让这对神圣罗马帝

---

88. 劳伦斯主教曾在1499年拜访了班贝格教会，当时他应该极力推荐过芮门施奈德，从而帮助这位维尔茨堡的雕刻家争取到《皇帝石棺》的合约。

图 5-26：《圣徒的生活》

国的最高统治者成为基督教少有的圣人组合。一年之后的1201年9月9日，库尼贡德的遗骨被正式安置在班贝格主教座堂的一座祭坛中接受信徒的供奉。在中世纪后期，对库尼贡德的崇拜获得了极大的发展，特别是在班贝格教区，圣库尼贡德获得了与圣母玛利亚几乎一样的尊崇。1501年9月9日是圣库尼贡德遗骨正式接受供奉的300周年大典，因此，芮门施奈德接到的雕刻《皇帝石棺》的委托，应该就是为1501年庆典而准备的。但是芮门施奈德并没有按约定完成这项工作，反而是工期一再拖后，直到1513年才最终由班贝格主教格奥尔格三世·申克·冯·林堡（Georg III. Schenk von Limpurg）为《皇帝石棺》举行了隆重的安放仪式。从最初主教海因里希三世·格罗斯·冯·特罗考（Heinrich III. Groß von Trockau）把这项工作交给芮门施奈德算起，到《皇帝石棺》正式完工，班贝格教区已经历经了3位继任者。此前，皇帝与皇后的遗骸在班贝格分别安葬在4个地方，如今它们被重新收殓，一起放入这座全新的"棺墓（Tumba）"中。（图5-26、图5-27）

《皇帝石棺》的材质是黄灰色的石灰岩，它采用了"棺墓"造型，被整个停放在地面上。《皇帝石棺》今天的陈放位置在班贝格主教座堂的中厅，夹在通往东侧布道坛的左右两组楼梯之间，在地下墓穴扇形拱窗（Fächerfenster）的前面。但是在历史上，《皇帝石棺》曾经至少四次变换安放的位置，直到1971年才被最终放置到今天我们看到它的地方。[89]

89. 最初的陈设位置在大厅内某处，具体方位不详。其后因教堂扩建或整修等原因，先后在1649年、1833年、1837年3次变动位置。1942至1949年间，为了躲避战火，《皇帝石棺》被拆散保存。1969年它被重新移出教堂中厅，1971年根据教士咨议会的决定被最终安放在今天的位置。

图 5-27：立面浮雕

《皇帝石棺》的外形非常敦厚，它的基座是两层厚重的石板，石板被雕刻成三级台阶的式样，基座由丰富的爬行动物图案装点，比如蜗牛、青蛙、蛇和壁虎等，用来暗示尘世间生命的短暂，与棺盖上海因里希二世夫妇不朽的形象形成对比。石棺的棺盖完成于1501年，它的上面是穿着帝王服饰的海因里希二世和库尼贡德皇后的高浮雕，他们好像并排躺在床上睡着了，头下是松软的枕头。虽然棺盖呈现出的是两人躺卧的正面像，但是他们头顶华盖脚踏卧狮，不由让人产生错觉，好像棺盖上的造型是他们的立像。海因里希二世右手握住权杖，左手抱着帝国之球，库尼贡德左手搭在右手的手腕上，右手握着节杖，这些都是帝王身份的标识。他们脚下的两只狮子分别抱住一面盾徽，巴伐利亚和卢森堡家族交织的徽纹显示出皇帝和皇后高贵的出身。棺墓立面中的两个长面和一个短面一共装点有5幅精彩的浮雕，浮雕的内容取材于这对夫妇一生所经历过的宗教传奇，这些故事在15世纪末的德国民间颇为流行。没有浮雕的短面上是1649年才镶上的铜板，铜板上刻写着拉丁语铭文。根据研究者卡尔登－罗森菲尔德的推断，《皇帝石棺》在最初极可能与供奉库尼贡德骸骨的祭坛相连，这样它立面中的一个短面是朝拜者根本看不到的，从而也就没有请芮门施奈德为它雕刻浮雕。（Chapuis: pp. 29；Kalden－Rosenfeld: pp. 66－67）

从内容上讲，《皇帝石棺》上的浮雕与民间故事集《圣徒的生活》[90] 以及另外一本叫

90.《圣徒的生活》（*Der Heiligen Leben*）是1400年由纽伦堡多明我修道院编撰完成的民间传奇故事集，书中记载了基督教圣徒们的众多传说。该书共分两卷，被称之为“冬季版和夏季版（Winterteil/Sommerteil）”，海因里希二世皇帝和库尼贡德皇后的故事就出自“夏季版”。这本书版本众多，流传颇广，是中世纪晚期欧洲最流行的民间故事集。

《圣徒海因里希皇帝的传奇与生活》[91] 的书关系密切——与1488年安东·科贝尔格（Anton Koberger）[92] 出版的《圣徒的生活》一书有着尤为紧密的关系。在科贝尔格版的《圣徒的生活》中，除了“汤碗神迹（Schüsselwunder）”之外，浮雕依据的所有故事都有记载，而且文字旁边还配有彩色插图。（Anton Koberger: pp. 130,136）

在5幅浮雕中，棺墓南侧的“犁头神判（Pflugscharprobe）”[93] 和“汤碗神迹”两幅源自库尼贡德的故事，北侧的“灵魂称重（Seelenwägung）”和“治愈结石（Steinheilung）”则出自海因里希二世的传奇。棺墓东端较短的立面上是一幅皇帝夫妇共同出现的浮雕，名为“帝王之死（Tod des Kaisers）”。

在这些浮雕故事中，库尼贡德被塑造成童贞女[94] 和能够创造奇迹的圣女形象，她在所涉及的事件中总是更加主动地发挥影响。特别是在“汤碗神迹”中，芮门施奈德呈现出当时社会上尖锐的阶级对立——营造圣史蒂芬修道院的工匠向库尼贡德讨要薪水，浮雕中的五位工匠神态各异，其中前排最右侧的工人已经手握匕首。库尼贡德主动为工匠们发放了工钱，恢复了上帝所创造的公正的（经济）秩序，实现了社会正义。芮门施奈德通过对细节的刻画，构建出充满矛盾冲突的场景，使雕塑具有强烈的戏剧性。

与她相对，海因里希二世则是老者和病人的形象，他在故事中扮演着一个完全被动的角色。比如在“灵魂称重”和“治愈结石”两个场景中，他不是上帝施展神迹的工具，反而是衬托神迹效力的道具，是圣劳伦斯和圣本笃让他备受折磨的精神和肉体康复。在“治疗结石”神迹中，海因里希二世在意大利中部的卡西诺山修道院（Abtei Montecassino）遭受结石病的煎熬，这让他开始怀疑修道院的守护圣人圣本笃的圣体是否真的存在。为此圣本笃深夜显圣，为皇帝取出了体内的结石，并让他信服这座修道院真的拥有庇护世人的神力。在“灵

91.《圣徒海因里希皇帝的传奇与生活》（*Die Legend und Leben des Heiligen Sankt Kaiser Heinrichs*）由米歇尔斯贝格的僧侣农诺苏斯·施泰特菲尔德（Nonnosus Stettfelder）在15世纪末编撰而成，记录了有关海因里希二世的传说故事。

92. 纽伦堡著名的出版人和书商，同时还是阿尔布莱希特·丢勒的教父。

93. 关于“犁头神判”，亦可参考美国学者亨利·查尔斯·李所著的《迷信与暴力：历史中的宣誓、决斗、神判与酷刑》，其中的“赤烙铁神判”一节中，对“神判”及其背景有详尽的阐述。

94. 童贞女的形象也可以被理解为无性的婚姻，指代两人无子。在中世纪，无子也被看作是上帝的惩罚。

魂称重”[95]神迹中，天使长米迦勒执掌天平，为海因里希二世的灵魂称重，称重的结果显示皇帝的罪恶大于他的善行，直到圣劳伦斯把一只由海因里希二世捐赠的圣餐杯放到天平善行的秤盘里，才战胜了罪恶，从“天平神判”中解救了他的灵魂。[96]

海因里希二世之所以是一个被动的等待解救的形象，这与当时的历史环境有很大的关系。黑死病在欧洲的蔓延造成人口大量死亡，在生命的最后时刻，缓解人对死亡的恐惧具有极其重要的意义。人们面对瘟疫手足无措时，能够寻求的就只有灵魂的解脱与平静。因此，每一个基督教徒都期盼通过海因里希二世的形象——皇帝兼圣徒这一至高无上的形象——看到自己的灵魂在死亡时获得拯救的希望。与此同时，教徒们也期盼通过圣徒可以让上帝直接听到自己的祈求，这些圣徒从而成为每一个祈祷者的守护神和代言人。圣徒崇拜于是在中世纪晚期这种特殊的社会环境中达到了它繁盛的顶峰。[97]海因里希二世在“治疗结石”和“灵魂称重”两个故事中所扮演的角色，无疑可以轻松触动向他祈祷的信徒们，他们对这位圣人的病痛感同身受，同时他们也看到了摆脱苦难的希望。此外，他们也像这位帝王一样在面对“灵魂称重”时充满恐惧，于是他们更加虔诚地向那些可以帮助他们的圣徒祈祷——就像最后帮助海因里希二世的圣劳伦斯一样——即便是罪人在死亡时也能获得上帝的赦免。（图5-28）

芮门施奈德为《皇帝石棺》雕刻的浮雕，也有可能是按照设计草图完成的。这些草图并不是出自雕刻家之手，而是有其他的创作者。这位草图作者应该对班贝格的海因里希二世夫妇崇拜有着特殊的感情和深刻的理解。芮门施奈德时代班贝格最著名的画家是沃尔夫冈·卡茨海默尔（Wolfgang Katzheimer），他在1500年前后是班贝格主教官厅最欣赏的艺术家之一。卡茨海默尔曾经创作过多幅有关海因里希二世夫妇传说的画作。他有一个工作室，其中也有雕刻家与他一起工作。1500年他为某捐赠者创作了一幅以“库尼贡德皇后传

95. 其实这个故事借用了中世纪的“天平神判”这种由迷信而诞生的司法实践。当时欧洲的人们普遍存有这样一种信念：凡是犯有巫术罪的人都会失去他的体重，而天平是揭露这种罪行理所应当的工具，《圣经》往往充当称重时的砝码。此处亦可参阅亨利·查尔斯·李所著的《迷信与暴力：历史中的宣誓、决斗、神判与酷刑》中的“天平神判”一节。

96. 芮门施奈德通过作品也表达了世人对统治者施行善政的期待。

97. 在基督教内，人们除了继续坚守对圣母玛利亚的崇拜，15世纪德国民间最流行的就是对“救苦救难十四圣徒”的崇拜，这14位圣人各司其职，专门负责解决各色危难与救助疾病。

图 5-28：立面浮雕细节

说”为内容的向圣人敬献的木板画（Stiftertafel）——《对库尼贡德皇后的上帝裁判》（*Das Gottesgericht der Kaiserin Kunigunde*）。这幅画今天收藏于班贝格新宫的国家画廊中。这幅画与《皇帝石棺》上的浮雕“犁头神判”很明显是完全一致的。画作中所表现的场景，正是库尼贡德赤脚走过烧红的犁头，以洗脱皇帝对她与人通奸的毫无凭据的怀疑，自证清白。画作的布局与《皇帝石棺》的“犁头神判”浮雕也惊人相似，库尼贡德与她身后跟随的人群是作品中一组重要的关系，只是绘画中的人群由宫廷命妇组成，她们被浮雕中的皇帝和他的随从所取代。两件作品中的核心动作都是库尼贡德从人群中走出来，抬脚踩到犁头上。如果从细节上看，画作与浮雕上库尼贡德身后第一个人物的态度、表情，甚至扭头的角度都几乎是一致的。这种相似性让人们会感觉，芮门施奈德只是对作品中的人物形象略作调整，整体布局模仿了卡茨海默尔的作品。形式上的呼应也表现在海因里希二世的造型上。皇帝身上穿着垂至脚踝的锦缎长袍，袍子的里面是一件系带的衬衣，略带尖头的鞋子和遮盖衣领的发式，这些都是相似的。唯一不同的是两者头上的皇冠，在画作上的皇冠只有一根拱架（Bügel），而浮雕上的皇冠有两根。皇帝的站姿也很接近，他的一条腿好像向前跨了一步，一只脚恰好从长袍下面露出来。这个姿势也同样被用于"灵魂称重"浮雕。而根据卡尔登－罗森菲尔德的观点，画家卡茨海默尔也惯于采用这种站立的姿态去描绘他笔下的人物。在画作上和在"犁头神判"浮雕中，库尼贡德的姿态也非常相似，她都是向前略微罗锅着腰迈步，好像是小心翼翼的样子。此外，库尼贡德服饰的样式和材质，她撩起长袍的姿势，以及长袍下露出的衬裙，都如出一辙。（Kalden－Rosenfeld：pp. 70－71）

虽然卡茨海默尔的木版画与芮门施奈德的浮雕之间有如此多的相似之处，但是这并不是说木版画就一定是浮雕的草图，但是极有可能卡茨海默尔参与了草图的设计。尽管在卡茨海默尔的其他画作中没有再发现与《皇帝石棺》上的其他浮雕有如此之多的一致性，但是从画面的布局和风格上看，我们还是能找到两者之间众多细节上的相近之处。特别是1507年由汉斯·坡菲尔（Hans Pfeyll）在班贝格印刷的《班贝格死刑法庭规章制度》（*Bamberger Halsgerichtsordnung*），其中的木版画由卡茨海默尔设计完成。木版画上的人物造型以及画面的布局都体现出卡茨海默尔与《皇帝石棺》浮雕之间的密切关系。

（二）《圣血祭坛》（*Heiligblut–Altar*），**陶伯河上的罗腾堡，圣雅各布城市教堂**（St. Jakobskirche）（1501—1504年）

《圣血祭坛》是我们今天看到的蒂尔曼·芮门施奈德保存最完整的祭坛作品之一。这座大型木质祭坛是受陶伯河上的罗腾堡[98] 市议会的委托，由芮门施奈德和埃尔哈特·哈什

98. 因为德国各地有多座名为罗腾堡（意为：红堡）的城镇，为了便于人们区分，往往在罗腾堡城镇名后附加上附近山川的名字。此处的罗腾堡官方名称为陶伯河上的罗腾堡（Rothenburg ob der Tauber）。

纳（Erhart Harschner）共同为圣雅各布教堂制作的。[99]

根据1499年签订的第一份委托合约，木匠哈什纳负责为祭坛制作箱式外匣。两年后，罗腾堡市议会又与芮门施奈德正式签署为祭坛雕刻圣像的合约。合约中规定，芮门施奈德要完成祭坛上所有雕刻的部分，包括人像、浮雕以及其他装饰性配饰。很可惜，当初与埃尔哈特·哈什纳订立的合同已经遗失，但是与芮门施奈德签署的合约以及其他相关文档却很幸运地被妥善保存下来。

《圣血祭坛》的设计方案历来在研究者中存有争论。因为哈什纳预先已经完成了外匣，而后芮门施奈德才开始他的工程，因此以克罗姆教授为代表的一部分学者认为，在芮门施奈德加入之前委托人已经确定了祭坛的整体设计。[100] 但是，芮门施奈德雕刻的“最后的晚餐”所采用的人物布局、整个神龛在造型上模仿了礼拜堂式样，以及祭坛最终采用单色处理等，这些都是祭坛设计上前所未有或极其罕见的创新。因此，也有很多学者认为芮门施奈德在祭坛的设计上发挥了关键作用。（Kemperdick：pp. 81）

在这份1501年4月15日订立的合约中，罗腾堡市议会对《圣血祭坛》的式样、规格、人像布局等都提出了明确的要求：

……在神龛下面的基座中，摆放圣体匣的壁龛旁边要雕刻两个跪着的天使。天使

99. 订单委托人往往会寻找多位匠人共同完成一份订单。比如说制作一座大型木雕祭坛，通常就需要一名木匠、一名木雕师傅和一名画师——由于芮门施奈德的作品很多放弃了彩绘处理，这样画师也就不再是必需的了。围绕一件作品（其实也就是一项工程），订购者有可能会分别找不同的工匠并与他们制定独立的合约；或者订购者也可以与一位为首的工匠签约，然后由这名工匠将整个工程分包给其他工匠。罗腾堡的《圣血祭坛》就是由当地木匠埃尔哈特·哈什纳率先完成了祭坛的主体框架，然后订购者再找到芮门施奈德签约，委托他制作祭坛上的圣像。

100. 对雕刻作品的总体设计，订单委托人往往拥有最终的决定权。订购者会预先确定作品的主题以及所需采用的圣像类型（Ikonographie）——这些都是与木雕作品日后实际的功能密切相关的。有时候，订购者甚至会给雕刻者提供整件木雕的设计草图（Visierung），草图中会涉及更多的结构和造型细节，草图上所呈现出来的基本上就是整件雕刻作品最终完工时的模样。根据明确记载，芮门施奈德的某些作品就是由委托人提前给他提供了设计“草图”，比如《主教鲁道夫二世·冯·席琳贝格墓碑》；还有一些作品则被认为是芮门施奈德在设计中发挥了关键作用，比如米内尔施塔特的《玛德琳祭坛》应该是由芮门施奈德亲手完成的草图。在《玛德琳祭坛》的订购合约中，其实还包括了一份有关作品设计的文字说明。这份说明对雕像的形式和姿态进行了十分细致的规定——应该说，这种情况在当时的订单中还是非常罕见的。（Kemperdick：pp. 79-80）

的高度约为一只半工鞋（werkschuch）的长度[101]，圣体匣两侧每边各有一个天使。然后在神龛中雕刻最后的晚餐场景，里面要有耶稣基督和他的12位门徒，以及其他应该有的内容，人物雕像的高度应该约为4只工鞋的长度。在右边的侧翼上要雕刻以圣枝主日（balmtag，即复活节前的星期日）为题材的浮雕，主要表现基督骑驴进入（耶路撒冷）的场景，浮雕上还需要雕刻其他相关的内容。浮雕上雕刻的人物应该有3指深。在左边的侧翼上要雕刻橄榄山（ellberg）上的基督和他的门徒们以及赶来的犹太人。此浮雕应该和圣枝主日的浮雕规格一致。在神龛上面的冠顶部分，应该在中间雕刻两个面对面跪着的天使，他们扶着圣十字架。在十字架上面还另有两个漂浮着的天使。天使们的尺寸应该符合草图中的要求。在十字架的两侧，右边应该雕刻童贞女玛利亚，左边应该雕刻大天使加百列，两尊雕像构成天使报喜主题。在十字架之上，冠顶的中央，应该雕刻一尊耶稣受难像（*bild der barmherzigkait*），这尊像要高约3只鞋的长度。[102]

（Baxandall: 1984, pp. 181）

而根据1502年5月8日的记载，主神龛已经与装有圣物的十字架组合在一起，被安放在圣雅各布教堂的西侧布道坛上。但是整座祭坛一直到1505年才全部完工。[103]

《圣血祭坛》是一座大型的折翼祭坛。但是与过去的惯例不同，《圣血祭坛》的两翼只在内侧饰以浮雕，它的外侧没有经过任何艺术性加工——这也是与米内尔施塔特的《玛德琳祭坛》最大的不同之一，《玛德琳祭坛》双翼的外侧装饰有维特·史托斯绘制的镶板画。

整座《圣血祭坛》——无论是用椴木雕刻的圣像还是云杉制作的框架以及哥特式镂空的藤蔓——都没有经过彩绘装饰，只是被简单涂过一层（半）透明的清漆，这反而让木雕具有一种琥珀色的光泽。[104]所有雕像只在眼睛和眼眉上勾画了少许黑色，雕像的嘴唇以

101. 一只鞋的长度约为30.48厘米。（巴克桑德尔：第138–139页）

102. 冠顶的漂浮天使现在已经遗失。

103. 合约中的内容通常都会涉及以下几个方面，包括明确的委托方和承接方、作品/项目的描述、作品的交付日期和付款方式等——当时几乎很少有人能够按时完工交货，延期交货是很常见的一件事情，几乎没有人因此而受罚。为了让工匠保证作品质量，有时候还会在订单最后附设奖金一项，其中会规定获得奖金的条件和金额。（Kemperdick：pp. 79）

104. 1960年代，艺术史学者艾科·奥勒曼参与了《圣血祭坛》的修复工作，根据他的研究，《圣血祭坛》在历史上从未接受过彩绘处理，在500多年时间里一直是一座单色祭坛。

图 5-29：《圣血祭坛》

及左翼上“客西马尼园的祷告（Gebet Christi am Ölberg）”浮雕中的“血滴”被点上了红色[105]，然后在这些颜色上直接刷过清漆，这种装饰方式与米内尔施塔特的《玛德琳祭坛》一致。[106]

《圣血祭坛》的安放位置位于圣雅各布教堂西端布道坛二层的“圣血礼拜堂（Heilig-blutkapelle）”内——礼拜堂可以经由布道坛南北两侧的楼梯进入。在教堂的东端布道坛上，安放着弗里德里希·赫尔林（Friedrich Herlin）在1466年参与制作完成的《十二使徒祭坛》，这座完全采用彩画装饰的祭坛非常绚丽，与单色的《圣血祭坛》形成鲜明的反差。（图5-29）

制作《圣血祭坛》的初衷，是有一个更加安全和庄严的场所可以长期存放教堂最重要的一件圣物——“圣血”。[107]对罗腾堡这件“圣血”圣物的狂热崇拜可追溯到13世纪中后期，圣雅各布教堂当时专门为“圣血”圣物修建了一座独立的礼拜堂。在15世纪，“圣血崇拜”迎来了一个新的高峰，在这一时期社会上流传着大量有关“圣血”显神迹治病的传言。“圣血”让罗腾堡成为中世纪德国“圣物崇拜”最核心的地区之一，被誉为“弗兰肯的耶路撒冷”，前来朝圣者大多是罗腾堡及弗兰肯周边地区的民众。利用朝圣者的虔诚，兜售赎罪券也成为罗滕堡一项重要的财政收入。

根据传说，所谓“圣血”是由多件“圣物”组成的——它包括在“最后的晚餐”时不慎从圣杯里洒出的一滴酒——因为“化体”[108]变成了基督的“血”；还有来自圣徒彼得、保罗和安德里亚斯的血滴，以及耶稣荆棘冠上的碎片。这滴“血”被封存在一颗蛋形的水晶里——祭坛神龛的正上面是一座由两个天使共同扶持着的十字架，这颗水晶就镶嵌在十

105. 这两处“红色”并不相同，圣像的嘴唇涂抹的是茜草制成的深红色，而“血滴”则是朱砂混合了铅锡黄的朱红色。

106. 但是需要注意的是，《圣血祭坛》上的清漆色料与“蛋彩（egg tempera）”有些相似，它是由蛋清和油作为基料，调和赭石、木炭、石膏、铅白而成——这种配方与米内尔施塔特《玛德琳祭坛》表面的清漆色料不同。《玛德琳祭坛》的色料更偏向“油彩（oil paint）”，它由动物胶（蛋白质）和油作为基料，然后添加木炭、氧化铁和铅白调和而成。

107. 此前也有一个专门用来盛放“圣血”的祭坛，它应该是1402年的制品，由于缺少文字记载，这件老的祭坛的样式已不可考。

108. 化体（Wandlung）是基督教用语，意为使圣餐面包和酒变成耶稣的肉和酒。

图 5-30："圣血"细节

字架的交叉点上。（图5-30）

神龛下面的基座被分成3个隔断，中间的壁龛在举行圣餐礼时用来摆放装有一枚圣饼的圣体匣[109]。神龛采用了"最后的晚餐"这一主题，是为了与祭坛供奉的"圣血"圣物形成主题上的呼应，同时与日常在祭坛前举行的圣餐礼构建联系。圣餐礼的直接来源就是"最后的晚餐"。根据《圣经·新约》的记载，耶稣在逾越节与他的门徒共进晚餐，随后被捕并被钉死在十字架上。

"就是主耶稣被卖的那一夜，拿起饼来，祝谢了，就擘开，说：'这是我的身体，为你们舍的。你们应当如此行，为的是纪念我。'饭后，也照样拿起杯来，说：'这杯是用我的血所立的新约。你们每逢喝的时候，要如此行，为的是纪念我。'你们每逢吃这饼，喝这杯，是表明主的死，直等到他来。"（《中文和合本圣经·哥林多前书》）

在神龛中，犹大左侧没有胡子的那位门徒眼睛低垂，右手向下指着，手指恰好指向祭坛下面摆放的圣体匣——这是化体发生的地方——以此来示意正在举行的圣餐礼。

左右两侧折翼上的浮雕也与神龛上"最后的晚餐"这一核心情景形成时序上的线索，祭坛的左翼展现了逾越节前夕"耶稣进入耶路撒冷（Einzug Christi in Jerusalem）"的场景，右翼是耶稣在被犹大出卖后于"客西马尼园的祷告"。祭坛塔冠上的"圣母领报"雕刻与冠顶的"耶稣受

109. 盛有圣饼的圣体匣（Hostienmonstranz），圣饼也被译为圣体。圣体匣中只装有一枚圣饼，用来表示会众一体。这种做法源自《哥林多前书》中所记的：我们虽多，仍是一个饼，一个身体。因为我们都是分受这一个饼。参见：《中文和合本圣经·哥林多前书》。

图 5-31：祭坛上的“最后的晚餐”

难”像也同样紧扣“最后的晚餐”主题，展示了耶稣一生的开端与终结。

罗腾堡的《圣血祭坛》是一座叙事性的祭坛，神龛中的雕刻复原了发生“最后的晚餐”时的场景——这也是“最后的晚餐”这一主题第一次以雕刻的形式出现在祭坛的神龛上。（Kalden–Rosenfeld：pp. 74）（图5-31、图5-32）

从内容上看“最后的晚餐”与“圣血”圣物有关，但是通过芮门施奈德的戏剧性加工，原本静态的图像——呈现晚餐中围坐着的人物——变得富有戏剧性张力。芮门施奈德竭力营造事件发生时人物之间的冲突以及由此形成的紧张氛围：耶稣不仅宣告了自己被出卖，而且指出了叛变者犹大。芮门施奈德其实是完整复原了《约翰福音》对“最后的晚餐”的记载。[110]

110. 其实在《圣经》中，只有《约翰福音》曾经提到耶稣递饼给犹大作为指出叛徒的“信号”这件事。（参见：《约翰福音》）

图 5-32：左翼与右翼

“(耶稣)就明说：‘我实实在在地告诉你们，你们中间有一个人要卖我了。’门徒彼此对看，猜不透所说的是谁。有一个门徒，是耶稣所爱的，侧身挨近耶稣的怀里。西门彼得点头对他说：‘你告诉我们，主是指着谁说的。’那门徒便就势靠着耶稣的胸膛，问他说：‘主阿，是谁呢？’耶稣回答说：‘我蘸一点饼给谁，就是谁。’耶稣就蘸了一点饼，递给加略人西门的儿子犹大。”(《中文和合本圣经·约翰福音》)

在神龛场景的最中央，是面对耶稣的犹大，如同《圣经》上所讲，他正伸手接过耶稣递来的一块饼。耶稣最疼爱的门徒约翰正靠在耶稣胸前，躺在他的左臂下面。耶稣的右侧是站着身的彼得，他交叉双臂贴在胸口，要表明自己的清白。在靠近耶稣的右半侧，其他门徒们面对耶稣的揭露，或吃惊或难过，神情各异；而距离耶稣较远的左半侧，门徒们更多在对视、在寻找、在论争，到底谁是那个出卖耶稣的人。神龛上的众多人物面部表情各异，手势细腻，总体散发着忧郁、痛苦的气氛。芮门施奈德的高超之处不只是他塑造了形态各异的多座人像，还在于他把整个事件浓缩于最扣人心弦的一瞬：以耶稣之口道出那个出卖他的人。

与传统的表现形式不同，占据场景中心的不再是耶稣，而是罪人犹大，而且耶稣与犹大是对视的。耶稣面部的神采以及他投射出的目光，不只是暗示出犹大的身份，而更像是人主在对奴仆下达指示：在这目光中，可以看到一种耶稣对犹大的信任、宽慰和委以重任，一种要犹大坚定信念的命令。芮门施奈德不仅打破了传统形式，而且从神学上重释了“最后的晚餐”的意义。通过对场景布局的营造，犹大无疑被作者刻意强调。犹大是前排人物中唯一站立的形象——从神龛壁板的窗户中射入的光线会直接照在他的身上，让他的形象更加清晰。犹大的姿态会给人留下这样一种印象，好像他刚从外面走入神龛，面向耶稣走上前去，而不是像《约翰福音》所写的那样，他接过面饼正着急离去。在整个场景的布局中，犹大处在整个画面的中轴线上，他是贯穿整个圣餐礼仪的中心点，从最下面的圣体匣向上，穿过犹大，直到塔冠上的“圣血”圣物乃至冠顶的复活的耶稣。这样，祭坛中所表现出的情景就有了另外一层深意：一方面，耶稣把饼递给了犹大，这一行动完成了他对叛徒的指认；但与此同时，耶稣把圣体（饼）交给犹大，也意味着他对罪人的赦免。[111]

为了实现所有这些效果，芮门施奈德对祭坛的结构进行了大胆的创新，他把神龛设计成一个缩小版的礼拜堂，神龛背面的壁板全被镂空，制成并排的9扇尖顶窗形状，窗上全部镶嵌圆形厚重的“牛眼玻璃（Butzenscheiben）”。这一设计无论从形式上还是花饰上都与祭坛背后圣雅各布教堂的尖窗形成呼应。而悬架于“最后的晚餐”之上的装饰性肋架拱顶与放置祭坛的圣血礼拜堂的结构性拱顶在样式上也基本一致。此外，芮门施奈德也打破了祭坛基座

111. 犹大的事例表明上帝对所有人都会施以恩典。可参阅方济各会修士约翰尼斯·鲍利在15世纪90年代的布道：“……耶稣召唤犹大，让犹大成为自己的门徒，这告诉我们，耶稣会和好人与坏人一起分享他的恩典和慈悲，会将恩典赐予任何想要得到上帝恩典的人……”（巴克桑德尔：第140–141页）

闭合式的传统设计样式，改其为开放性结构，人们可以透过基座直接看到祭坛背面教堂的石壁。这些设计把祭坛场景和真实的教堂很好地黏合在一起。（Chapuis: pp. 29－31）当信徒们在祭坛前举行圣餐礼时，神龛中的“最后的晚餐”就仿佛成为现实中圣餐礼的一部分，参加圣餐的人们仿佛亲身见证了耶稣基督人生中最关键的时刻。这种虚实结合的效果，让“舞台上的情境”与现实完美融合。（图5-33）

在《圣血祭坛》的设计上，芮门施奈德也充分考虑到光线的作用，随着每天日间时间的变化，自然光对祭坛的呈现会产生戏剧化影响——特别是对“最后的晚餐”这一场景。通过光线阴暗的变化，以及由此引发雕刻表面色调的丰富改变，这一场景在一天中发生不间断的变化。在所有这些变化中，犹大这一形象始终被“光线”所强调——清晨的光线让神龛中的每一尊雕像都陷于阴影，只有犹大是明亮的；接近正午，当神龛中的光线最弱时，祭坛上清晰可见的只有左翼耶稣赐福之手、神龛中的犹大和他旁边指向圣体的使徒之手；傍晚时分，阳光透过壁板上的尖窗透射到神龛中，又是只有犹大迎面正对着光、沐浴着光。（Baxandall: 1984, pp. 197）

我们进一步联想到15世纪德国印刷技术和铜版画的兴起，它使人们逐步接受一种新的美学观念，从而促使单色雕塑的出现。

很快，《圣血祭坛》就成为罗腾堡吸引朝圣者的新景观。对于那些来自乡村的朝圣者而言，他们站在祭坛前，通过这些木雕偶像，亲眼目睹这一幕由精湛的雕刻技艺和自然光影共同完成的“神秘剧（Mysterienspiel）”[112]，这将让他们确证前来朝圣的价值和必要性。信徒从北侧踏上楼梯穿越甬道进入教堂二楼的圣血礼拜堂时，首先映入眼帘的就是这座巨大的祭坛。神龛中的“最后的晚餐”无疑将信徒惊异的目光牢牢吸引。他身不由己亦步亦趋地从北侧入口走近祭坛，此时他面对耶稣的角度与神龛上的犹大无异，就好像是犹大是朝圣者的引路人，把朝圣者带到耶稣面前。犹大作为整个事件的核心人物，直接为朝圣者提供了将自己代入这个故事的可能。越过犹大，耶稣也将看到走到近前的朝圣者，他同样会把手中的那块饼交给朝圣者——饼是赦免人世罪恶的标志。人们只有当再次后退远离祭坛时，才有机会沿着中轴线把目光移向神龛之上的尖塔，看到那里的“圣血”圣物。这才是人

112. 西方的神秘剧大多是指以圣经故事为题材的仪式性戏剧，经常与礼拜和宗教节庆相关，表演多在教堂等宗教场所进行，主要用来强化个人的宗教体验。

们前来罗腾堡朝圣的初衷。再往上是复活的耶稣，人们期盼的救世主。对朝圣者而言，“圣血”圣物必须被放置在“人世的罪恶”和“上帝的救赎”之间。通过对“圣血”朝圣，同时也要相应地对教会捐赠财物，朝圣者的“罪恶将被赦免，灵魂终将得救”。

图 5-33：《圣血祭坛》背面的壁板结构

（三）《玛利恩祭坛》（*Marien–Altar*），克雷格林根（Creglingen），圣父教堂（Herrgottskirche）

克雷格林根圣父教堂是一座建造于14世纪的乡村教堂，整座教堂规模不大，它位于克雷格林根外围的陶伯河谷，距离克雷格林根镇中心还有一段距离。在克雷格林根圣父教堂正厅的中间，安放着敬献给圣母玛利亚的一座木质祭坛——《玛利恩祭坛》，这是蒂尔曼·芮门施奈德最著名的木雕祭坛之一，也是芮门施奈德除《圣血祭坛》之外迄今被完整保留下来的另外一件大型作品。尽管没有直接的文字资料可以追溯这座祭坛产生的细节，但是毋庸置疑，它是芮门施奈德亲手创作的，大约完成于1505至1510年之间[113]。（Chapuis: pp. 32）据推测，这座祭坛最初应该也是单色的，但是后来进行过多次彩绘处理。如今，《玛利恩祭坛》又重新恢复到最初单色的状态。

现在我们还不知道，《玛利恩祭坛》是否一开始就被陈设在克雷格林根的圣父教堂。《玛利恩祭坛》被放置在圣父教堂的中殿，这有违祭坛安放的惯例，一般人们会把祭坛放置在教堂的布道坛上。也许它安放的地方，就是

113. 卡尔登-罗森菲尔德认为，根据《玛利恩祭坛》雕塑造型的整体风格可以推定，这座祭坛应该是《圣血祭坛》完工后不久的作品，大概完成于1505至1508年前后。

图 5-34：《玛利恩祭坛》

传说中发生神迹的地方。据说在1384年，一个当地农民在犁地时从土里翻出来一块（圣餐中用的）完整的圣饼，这一发现被当时的人们视作神迹，后来就在这里建起了这座圣父教堂。但是针对这种观点也有反对的声音，因为这座祭坛的规模对于这个村外的小教堂实在是太大了，仅凭这一点就不由让人质疑。它最初应该是安放在另外一个地方的，应该安放在一个以祭拜圣母为主旨的教堂里。[114]（图5-34）

与岁腾堡的《圣血祭坛》相反——《圣血祭坛》在整体工程的搭建上是交由一位木匠完成的——而《玛利恩祭坛》无论是工艺性的雕刻还是工程性的搭建都是完全由蒂尔曼·芮门施奈德独立负责完成的。在《玛利恩祭坛》中，构架式元素与人物形象和谐统一，融为一体。《玛利恩祭坛》所采用的镂空的枝蔓式的华盖造型也同样出现在班贝格主教座堂中的《皇帝石棺》棺盖上，以及维尔茨堡主教座堂中的《主教席琳贝格墓碑》上。

从建筑结构上来讲，《玛利恩祭坛》的中轴线相当清晰，位于中心部分的神龛采用了礼拜堂式的造型，祭坛中所展示出的各个场景非常清楚、一目了然，这些都引导观赏者的目光，让他们不由自主地自下而上观看祭坛。（图5-35）

神龛中展示的是“圣母蒙召升天”主题，死去的玛利亚在天使的簇拥下升上天空，她做出双手合十的手势，神情深深陷入在内心的祷告，12位使徒群聚在玛利亚脚下，他们或跪或站，有的正为玛利亚之死而悲痛，有的却因目睹玛利亚升天而惊讶。这是有史以来第一次把圣母玛利亚的肉身升天作为祭坛神龛的核心主题予以呈现。此前有关这一主题基本都是通过书籍插图（Buchmalerei）的形式进行传播。（Kalden－Rosenfeld: pp. 83）神龛在结构上也采用了类似《圣血祭坛》的设计，芮门施奈德把它制作成一座迷你礼拜堂，背面壁板被镂空成一系列尖顶窗，从而实现了祭坛空间与教堂空间的融合——也许是考虑到圣父教堂中殿采光效果并不理想，《玛利恩祭坛》没有再加装厚重的“牛眼玻璃”。

祭坛两翼总共有4幅浮雕，上面展示的是圣母玛利亚的生平故事，主要都是耶稣降生前后所发生的事件：左翼的上下两幅浮雕分别是“圣母访亲”和“圣母领报”，右翼的两幅

114. 如果我们仔细观察就会发现，实际上这座祭坛也并不是献给圣母玛利亚的，而是为崇拜“耶稣圣体（Fronleichnam Christi）”所建，这可以从祭坛所运用的形象程式得到印证。在祭坛尖顶的最高处——这往往是一座祭坛的主题所在——是一尊耶稣受难像（Schmerzensmann），这就暗示了放置这座祭坛的教堂应该把“耶稣基督”作为它的守护圣徒（Patrozinium）进行供奉。（Kalden-Rosenfeld：pp. 80）

图 5-35：祭坛“圣母升天”雕刻

分别是“耶稣降生”和“圣母献耶稣于圣殿”。

神龛上面的塔冠被分为两层，下面一层在形制上依然模仿教堂，展示出“圣母加冕（Krönung der Jungfrau durch Gottvater und Christus）”的主题，上面一层是一尊基督受难像，高高伫立在尖塔的冠顶。（图5-36）

祭坛基座被分为三格隔断，左右两格中的高浮雕（Hochrelief）采用了另外两个故事“三王来朝（Anbetung Christi）”和“耶稣十二龄讲道（Zwölfjähriger Jesus unter den Schriftgelehrten）”。基座中央隔断中雕刻的是两个正在展开毛毯的天使，据推测人们在举行

图 5-36：四幅浮雕

圣餐礼仪时，将会在这格隔断前面摆放盛有那个充满传奇色彩的“圣饼”的圣体匣。由此，芮门施奈德通过他的作品将宗教性叙事与现实中的“圣物”结合在了一起。（图5-37）

围绕神龛的浮雕作品与神龛所展示的情景实际上共同组成了圣母玛利亚的“七桩喜悦（die Sieben Freuden Mariens）”[115]，这是一组在祈祷时所用到的礼仪性的程序，祈祷者把即将升天的玛利亚当作自己在上帝面前的代言人，一方面通过玛利亚的复活寄托了祈祷者对自己复活的期望，另一方面则把玛利亚作为有罪的世人与上帝之间的联络者。

克雷格林根的《玛利恩祭坛》是在蒂尔曼·芮门施奈德的带领下，由他和学徒帮工一同完成的作品。大部分雕像和浮雕都先由学徒依照预先设计好的模本雕刻，然后芮门施奈德再对学徒完成的部分进行进一步的加工，只有那些圣像的头部完全由他亲自操刀。芮门施奈德主要制作了位于祭坛神龛中的雕像。与罗腾堡的《圣血祭坛》不同——“最后的晚餐”这一场景中的人物形象整体上趋于一致，缺少较大的差异——《玛利恩祭坛》的“玛利亚升天”场景中对各个人物的塑造更加多样化，通过不同的姿态、容貌和动作，表现人物的不同个性。很明显，使徒们彼此之间在形象上存在着明显的差异。在神龛左侧的群像

115. “玛利亚的七桩喜悦”是指圣母玛利亚一生中所经历的7件大事，分别是指：1.圣母领报，2.圣母访亲，3.基督降生，4.三王来朝，5.耶稣十二龄讲道（在圣殿寻回耶稣），6.耶稣复活，7.圣母蒙召升天。在《玛利恩祭坛》上，蒂尔曼·芮门施奈德其实并没有使用“耶稣复活”这一主题，而是代之以“圣母献耶稣于圣殿”这一故事。但根据“玛利亚的七桩痛苦（Gedächtnis der Schmerzen Mariens）”的说法，“圣母献耶稣于圣殿（Darbringung Christi im Tempel）”是其中第一桩痛苦。

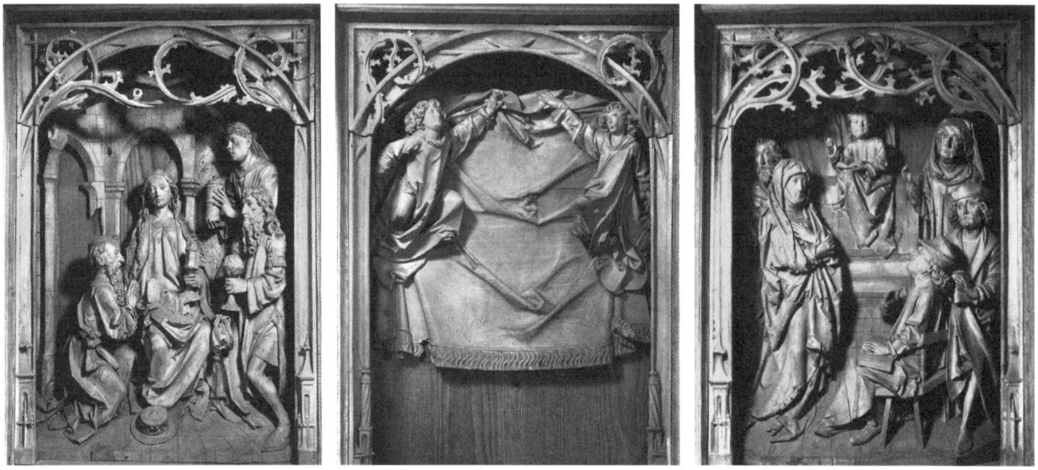

图 5-37：三格隔断

中，没有胡须、脸庞较丰腴的是菲利普，在他前面是巴托罗慕、彼得和保罗。在右侧群像中，跪在最前面的是约翰，约翰身后手捧经书的是大雅各布，可以看到挂在他脖子后面的朝圣者的帽子（Pilgerhut）。[116]

克雷格林根《玛利恩祭坛》神龛中的人像是时至今日芮门施奈德作品中最为人们熟知的形象。它们不只在面孔和双手上拥有丰富的细节，而且还通过人物身上多变的服饰和织物的皱褶，展现着雕刻家高超的技艺。更为重要的是，芮门施奈德有意识地运用自然光和阴影，巧妙地创造出具有“强烈明暗对照风格的”雕塑（chiaroscuro sculpture），让作品中的人物更加自然生动。[117]（Chapuis: pp. 32）“阴影”是在中世纪晚期才被重新引入到艺术创作中的，中世纪绘画完全为宗教服务，图像中的神或圣人是不允许有阴影的，因此当时绘画中的形象都是平面的和漂浮的。直到北方文艺复兴开始，尼德兰画家才开始在绘画中加入阴影，以增强图像的立体感和真实感。蒂尔曼·芮门施奈德进一步发掘了阴影的功能，他制作的雕像不仅有极强的立体感，而且他借助自然光在一天中的变化造成雕像明暗效果的改变，使作品表现出强烈的运动感和戏剧性。（Heine：pp. 58 – 63）特别是通过使徒们

116. 神龛中的其他人物，特别是挤在人群之中的形象，由于缺少特定的标记现在已很难明确辨认。

117. “明暗法（Chiaroscuro）”是一种巴洛克时代出现的绘画技巧。（Heine：pp. 62-63；130-137）

服饰上的褶皱让人们感受到他们站立在地面，而升腾的圣母在天使的簇拥下，袍服则带有明显的浮动感。在自然光下，对服饰皱褶的不同刻画，通过不断变幻的光影气氛的烘托，在狭小的教堂空间中制造出强烈的戏剧效果：雕刻的圣徒们仿佛真的就站在观赏者的面前，这些栩栩如生的《圣经》人物为观赏者上演“圣母升天”的一幕。[118]

《玛利恩祭坛》中给人留下最深印象的应该是使徒巴托罗慕。他的神情表明了他对圣母玛利亚之死的回避。他还没有意识到正在发生的圣母升天。巴托罗慕把目光从刚刚发生的悲痛中抽离，把全部精神投入到虔诚的祈祷中。一部打开的书摊在他的膝头，他的眼神是内向化的，他的双唇微启，好像在不由自主地默念着什么。我们可以看到他的舌头和上排的牙齿，这些细节都突出着雕像的真实感。与巴托罗慕相对的是大雅各布，他与巴托罗慕拥有同样的神态。这两个形象分踞圣母左右，占据着两群使徒的核心位置。他们的神态都会不由自主地促使面对祭坛的观赏者参与到凝视与祈祷中。与巴托罗慕的形象类型一致的还有米内尔施塔特《祭坛》基座中的使徒路加，两者都有相同的面部表情和内向化的神态。（图5-38）

图 5-38：圣徒巴托罗慕和圣徒老雅各布

在《玛利恩祭坛》基座方格里的高浮雕《耶稣十二龄讲道》（*Der zwölfjährige Jesus im Tempel*）中，有一位经师的形象在场景的边缘，他身着长袍，头戴折起帽檐儿的软帽。研究者一致认为这是雕刻家芮门施奈德为自己所留

118. 每年8月25日，阳光都会透过圣父教堂西墙的玫瑰花窗投射到《玛利恩祭坛》上，彩色玻璃与光影相结合，不断变幻的色彩让教堂内的空间变得异常瑰丽，观赏者仿佛正亲眼见证“圣母升天”的神迹。在当地，这也成为自然与艺术结合的一大奇观。原本这一光影奇观应该在8月15日“圣母升天节”当天上演，后来因为16世纪进行的历法改革，这一奇观发生的时间推后了10天。

下的自画像。如果我们把这个经师形象与《芮门施奈德墓碑》上的模样进行比较，会发现两者在服饰和发式上基本是一致的——墓碑上留下的芮门施奈德形象，他的发型表现为略带波浪状的垂发，一直披到肩头；而在经师形象上，他有一头飘逸的卷发，遮盖两耳翻卷着波浪。

经师是一个中年男人，这与芮门施奈德创作克雷格林根《玛利恩祭坛》的年纪也相吻合。在雕像上看不到个性化的表情，其雕刻形式符合芮门施奈德刻刀下男性形象的整体特征。

但是将经师形象看作芮门施奈德的自画像也是有反对意见的。在中世纪晚期，艺术家很少把自己的形象放到雕塑作品中去。雕塑家在当时被看作是工匠，而不是艺术家——艺术家这一观念和艺术家的自我发现都是伴随着文艺复兴思想流入德国之后才出现的；艺术家有意识地在作品中加入个人形象，是艺术家自我意识觉醒的重要标志。其中最具代表性的就是丢勒完全正面的"自画像"。（Duby：2002，pp. 542）（图5-39）

（四）《温茨海姆使徒祭坛》（*Windsheimer Zwölfbotenaltar*），海德堡，普法尔茨博物馆（*Kurpfälzisches Museum in Heidelberg*）

如今陈列于海德堡普法尔茨博物馆的《温茨海姆使徒祭坛》最初是由寡居的贵妇伊丽莎白·巴赫科纳普（Elisabeth Bachknapp）为温茨海姆的圣基利安礼拜堂捐建的。根据保留下来的收据，1509年祭坛完工时，巴赫科纳普夫人总共支付了75古尔登。

《温茨海姆使徒祭坛》最初未经彩绘装饰，但是在1512年，画家雅各布·米尔豪瑟（Jakob Mülholtzer）以100古尔登的价格对这座祭坛进行了彩绘和镶嵌处理。[119] 1730年，温茨海姆发生火灾，这次大火的痕迹如今依然可以在祭坛中的人像身上看到。1840年，《温茨海姆使徒祭坛》在维尔茨堡。1861年这座祭坛成为格雷姆贝格伯爵（Graf Graimberg）的私人收藏，伯爵的藏品后来成为海德堡普法尔茨博物馆的家底。1954年经过对祭坛的彻底维护，木雕上的彩绘被全部剥除，而且还为它制作了全新的神龛。因为祭坛的两翼还保留着最初的状态，因此新的神龛也是按照原有规格被复建的。但是原来神龛上

119. 在祭坛右翼发现的一处字迹还记录着，在1617年画家丹尼尔·舒尔茨（Daniel Schultz）第二次补漆收取了70古尔登的工资。

面的塔冠和下面的基座如今都已经遗失了，对它们的具体样式和尺寸现在也无从判断。神龛和两翼上的人物形象较为简陋。耶稣作为核心人物处在神龛的中心位置，6位使徒分列在他左右，每边3人；如果加上两翼的圣徒，耶稣的十二门徒平均分为两队，每队6人站在他的一侧。耶稣塑像的尺寸也比圣徒像更大一些。耶稣的形象采用了“世界的救主（Salvator mundi）”这一主题：他的左手抱着象征世界的圆球，右手抬起为世人祈福。祭坛上的使徒形象与玛利恩教堂上的使徒群像非常接近，因此我们可以比较容易辨识大部分雕像的人物身份。在左翼上是保罗、犹达·达太和菲利普，神龛中从左向右分别是约翰、托马斯、彼得、耶稣、安德里亚、小雅各布和大雅各布，右翼上是巴托罗慕、马提亚斯和西蒙。[120]（图5-40）

图 5-39：作者自画像进入作品

二战后，《温茨海姆使徒祭坛》在重新维护的过程中，在右侧折翼的背面发现了一张素描，画面上是一个正在舞蹈的女郎。这张画是用黑色和红色的粉彩绘制的，并被认定诞生时间应该与祭坛制作的时间相一致。这幅画想要将舞蹈中人物舞动的动作呈现出来，因此作者放弃了对

120. 耶稣的十二门徒中文译名存在很大差异，本书正文根据德语人名采用直译的方式翻译，此处根据《中文和合本圣经》和《中文思高本圣经》重新整理如下，以备读者与其他文献对照参考：彼得（彼得/伯多禄，Petrus）、安德里亚（安德烈/安德肋，Andreas）、大雅各布（雅各/雅各伯，Jakobus der Ältere）、约翰（约翰/若望，Johannes）、菲利普（腓力/菲里伯，Philippus）、巴托罗慕（巴多罗买 / 巴尔多禄茂，Bartholomäus）、马太（马太 / 玛窦，Matthäus）、托马斯（多马 / 多默，Thomas）、小雅各布（亚勒腓的儿子雅各 / 阿斐尔的儿子雅各伯，Jakobus der Jüngere）、西蒙（奋锐党的西门 / 热诚者西满，Simon）、犹达（犹达·达太 / 达陡，Judas Thaddäus）和犹大（加略人犹大 / 伊斯加略人犹大斯，Judas Iskariot）。犹大是《圣经》中所载出卖耶稣的人，因此也有人将犹大剔除出十二门徒，以马提亚斯（马提亚 / 玛弟亚，Matthias）增补空缺的位置。此外，圣徒保罗（扫罗，Paulus）并不属于耶稣的十二门徒，他不是耶稣在世时的弟子。但是因为他是早期基督教最重要的领导者之一，负责对犹太族群以外的民族和地区传播教义，因此他又被称为“外邦人的使徒”，经常在艺术作品中与十二门徒特别是圣彼得并列出现。

图 5-40：《温茨海姆使徒祭坛》及细节

画中人物面部表情以及双手等细节部分的刻画，而着重强调舞蹈时人物的身姿和服饰的飘逸。因为人物轮廓被反复勾画，所以研究者认为这幅画是绘画者在对运动中的人物进行研究，而不是为一幅人物画打草稿。目前来看，这幅画与《温茨海姆使徒祭坛》中的形象并没有直接的关系。如果这幅画真的出自芮门施奈德之手，那么就可以证实，芮门施奈德参与了他的作品的最初设计。通过这幅画还可以看到，在初步设计时，雕刻师最先需要解决雕像的服饰和动感等问题，至于容貌和双手等细节，可以从已经搜集好的现成的形式和类型资料库中选出来再做填补。当然，这幅画也可能是芮门施奈德工作室中的某个学徒所作，只可惜他的这一设计方案从没有付诸实施。（Kalden－Rosenfeld：pp. 97－100）（图5-41）

图 5-41：蒂尔曼·芮门施奈德绘制的素描

在《温茨海姆使徒祭坛》上，我们可以在雕像和浮雕上清晰地看到风格和品质的参差。在神龛中的人像身上，就存在严重的比例失调问题。如果说耶稣与神龛边缘的人物头身比例匀称协调的话，那么紧靠耶稣左右的圣彼得与圣安德里亚，他们的头部与躯干则明显不成比例，身体伸展过长。如果仔细分析，神龛中除了圣托马斯和圣安德里亚之外，其他所有人物的头部都是由芮门施奈德亲手完成的。芮门施奈德塑造男性时惯用的技巧如一绺绺浓厚的卷发、光滑平坦的额头、深陷的眼窝、向下低垂的眉骨、凸出的颧骨和面颊，以及丰厚的下唇，这些特点在圣托马斯和圣安德里亚的头部都没有得到明确的体现。

祭坛左翼（保罗、犹达和菲利普）应该也是出自学徒之手。主要是人物的面部刻画与芮门施奈德完全不同：人物都是圆目阔口、嘴角下垂、神情呆滞，形象缺少表现力，与克雷格林根祭坛神龛中的圣徒形象不可同日而语。

祭坛右翼（巴托罗慕、马提亚斯和西蒙）的形象更接近芮门施奈德的风格，只是鼻子略显宽厚，眉形有波浪状起伏，眼皮微微凸起。此外，雕刻家对圣巴托罗慕和圣西蒙须发的处理，都比芮门施奈德亲手完成的雕像显得更细碎更动感，比如神龛中圣约翰的头部就仿佛被沉思“凝结住”了。右翼浮雕的制作者应该还参与了为格罗斯奥斯特海姆的圣彼得和保罗教堂（Pfarrkirche St. Peter und Paul von Grossostheim）雕刻《悲悼基督》（*Beweinung Christi*）群像的工作。这项工程应该开始于1509年。将《温茨海姆使徒祭坛》上的圣巴托罗慕与《悲悼基督》群雕中的尼哥德慕人像进行比较，会发现两者的创作手法完全一致。平整光滑的面部、凸起的嘴唇、有力的双眉，还有强有力的发卷，这些都是两个人像共有的特征。这也证明了，学徒在重要的雕刻工程中，也可以施展个人的才能。（图5-42）

三、后期（1515—1525年）

从1515年开始，芮门施奈德的创作生涯进入了后期。在这一时期他亲手创作的作品不多，传世的重要作品只有3件，大多数雕刻都是在他的工作室由学徒和帮工仿照他的风格完成的。尽管如此，由芮门施奈德雕刻的《主教劳伦斯·冯·比普拉墓碑》《玛多娜玫瑰花环》《悲悼基督》仍是那个时代不可多得的艺术珍品。

（一）《主教劳伦斯·冯·比普拉墓碑》（*Grabdenkmal des Bischofs Lorenz von Bibra*），维尔茨堡，维尔茨堡主教座堂，大理石（1522年）（图5-43）

根据一份1522年2月8日出具的收据，蒂尔曼·芮门施奈德为维尔斯堡主教劳伦斯·冯·比普拉（逝于1519年）制作的墓碑，酬金为277古尔登。这笔钱分两次支付，在劳伦斯主教在世时，芮门施奈德已经收到过第一笔120古尔登，根据合同，当他完成墓碑之后他可以得到剩下的157古尔登。由此可以证明，劳伦斯主教在他在世时就已经在考虑将为身后留下自己何种的形象，并且亲自选定芮门施奈德完成这一工程。由于当时的委托合同已经遗失，所以现在无法准确断定墓碑的雕刻在何时开工。但是与相邻的同样出自芮门施奈德之手的《主教鲁道夫二世·冯·席琳贝格墓碑》相比，芮门施奈德这次的酬劳增加了27古尔登。

图 5-42：格罗斯奥斯特海姆的《悲悼基督》

图 5-43 墓碑全景图

很明显，《主教劳伦斯·冯·比普拉墓碑》无论在雕刻工艺上还是风格设计上都并不统一，这是与芮门施奈德此前制作的两大墓碑最大的区别。这种品质上的参差，一方面可能是因为有更多芮门施奈德工作室中的学徒工匠参与了施工，另一方面则更可能是在墓碑的制作过程中芮门施奈德受到某些影响而修改了最初的设计方案所造成的。[121]

劳伦斯主教塑像、环绕塑像怀抱盾徽的小天使、上层基座扶着铭文的小天使，以及下层基座降服恶龙的狮子浮雕，这些都是由芮门施奈德亲手完成的。墓碑的边框装饰（比如旋转纹路的立柱）、主教塑像上方的华盖则应该是由一位熟悉文艺复兴风格的学徒完成的——极有可能是汉斯·弗瑞斯。[122] 这位学徒也许还制作了墓碑顶部的盾形纹章和两旁的天使像。从整体结构上来看，《主教劳伦斯·冯·比普拉墓碑》应该与《主教鲁道夫二世·冯·席琳贝格墓碑》是相似的——两座墓碑都采用了双层基座和盾形纹章碑冠的设计（《主教鲁道夫二世·冯·席琳贝格墓碑》的碑冠遗失了）。《主教劳伦斯·冯·比普拉墓碑》的红色大理石主体部分采用的是纯粹的哥特式风格，它的边框最初应该也是哥特式的，比如上层基座的侧面还有哥特式的影子，但是边框整体上后来都转向了文艺复兴式。《主教鲁道夫二世·冯·席琳贝格墓碑》严格地遵循

121. 这座墓碑也许在最初设计时应该与相邻的《主教鲁道夫二世·冯·席琳贝格墓碑》在风格上保持一致，但是后来风格样式发生了变化。

122. 在芮门施奈德现存的所有作品中，这是唯一带有意大利元素的作品。可能这只是反映了劳伦斯主教个人的旨趣。劳伦斯主教曾于1518年出席在奥格斯堡召开的帝国议会，奥格斯堡与意大利密切的商贸联系，让这座城市受到文艺复兴艺术的影响更重。（Kalden-Rosenfeld: pp. 113；Chapuis: pp. 34）

图 5-44：墓碑冠顶细节
（Matthias Weniger, Tilman Riemenschneider. Die Werke im Bayerischen Nationalmuseum. Petersberg 2017）

了晚期哥特式雕刻的样式布局，特别是主教雕像上方采用的是哥特风格经典的刺向天空的尖拱式华盖，而《主教劳伦斯·冯·比普拉墓碑》的相同位置则使用了圆拱形华盖设计，从而在视觉上将雕像主体与墓碑冠顶的空间隔离开来。圆拱华盖由繁复的花环和神态各异的小天使装饰，正中是手抱世界之球的圣子耶稣。（图5-44）

《主教劳伦斯·冯·比普拉墓碑》采用了传统的方式来突出他显赫的身世。主教冠、权杖和剑表示他“采邑主教”的政教合一的崇高身份，他既是维尔茨堡主教区的宗教首脑，又兼有弗兰肯公爵的职衔。[123]主教上端的华盖左右，是两尊晚期哥特式风格的小雕像：左侧是圣劳伦提乌斯，劳伦斯主教的守护神；右侧是圣基利安，维尔茨堡教区的守护神。劳伦斯主教的容貌兼具个性化与理想化，由内而外散发出超凡脱俗的气质，令我们甚

123. 6枚盾徽从左到右从上到下分别代表：维尔茨堡主教区（红白相对的尖齿）、弗兰肯公国（黑色盾牌上的4格旗帜）、比普拉家族封地（金色盾牌上的黑色河狸）、母系的什肯瓦尔德家族封地、祖母系的福伊特·冯·萨尔茨堡家族封地、外祖母系的施魏因斯贝格家族封地。

图 5-45：人像细节

至无法准确估算出他的年龄。[124]（图5-45）

《主教劳伦斯·冯·比普拉墓碑》上采用的文艺复兴风格的装饰元素，不仅让这座石雕最终脱离了此前其他墓碑的雕刻传统，具有了全新的特征，而且还使劳伦斯主教超脱了他固有的封建身份，让他成为一位学者和人文主义者。其实也浓缩了他毕生的精神追求。劳伦斯主教早年在意大利的游学经历，让他后来一直与人文主义者保持着密切交往，也让他具有文艺复兴的思想倾向。

（二）《玛多娜玫瑰花环》（*Rosenkranz–Madonna*），福尔卡赫（Volkach），葡萄园中的玛利亚朝圣教堂（Wallfahrtskirche Maria im Weingarten）（1521—1524年）

1521年芮门施奈德接受委托，为福尔卡赫镇城外教堂山上的“葡萄园中的玛利亚”朝圣教堂完成《玛多娜玫瑰花环》。这是芮门施奈德雕刻的最后一尊圣母雕像。《玛多娜玫瑰花环》很快成为朝圣者前来礼拜的目标，为此在1642年当地的平信徒还成立了“玫瑰经兄弟会”。

根据教堂保留至今的“大事记摘要”，1524年《玛多娜玫瑰花环》被正式悬挂在教堂里，芮门施奈德的工钱同时被付清。但是所付工钱的具体数额没有在摘要中记载。

《玛多娜玫瑰花环》最初悬挂在教堂布道坛的中间，准确地说是在布道坛与大厅交界线的中间点上。这座雕像后来曾有一段时间被挂在教堂内侧的墙上，位于右侧祭坛

124. 有资料显示，劳伦斯主教患有梅毒，他的脸在他死前数年就已经残废了。因此芮门施奈德不可能再用自然主义的手法去塑造他。（Kirsch：pp. 113）

的上方，但是那个位置并不安全——1962年花环上的圣母像被人盗走，后来是支付了高额赎金才被赎回。此后整个花环就被挂回到原本最早的位置。（图5-46）

在巴洛克时代，圣母像曾经经过彩绘着色的处理，1874年被再次补漆，直到1954年进行全面维护时才彻底将雕像上的彩色涂层剥离下来，恢复了这件雕刻作品的原色。

《玛多娜玫瑰花环》的主体是位于花环中央的圣母玛利亚像，这座雕像高约1.8米，手上抱着婴孩形象的圣子。圣母站在一个装饰有云朵纹饰的基座上，在她的脚下还有一个月牙。圣母周身笼罩着光环，她被6个飞翔的天使所围绕。其中位于圣母头部左右的一对天使相对而立，他们张开羽翼、身着法袍，应该是正抬着王冠为圣母加冕；在圣母腰际两侧是一对弹奏乐器的裸体小天使，他们身体丰腴、面向观者，仿佛正载歌载舞；圣母小腿两侧的那对天使没有翅膀，他们背对对方漂浮在空中，右侧天使手中抱着厚厚的典籍，左侧天使手中应该持有某样圣物——可惜这件圣物如今已经遗失。圣母像的整个背面密布着卷曲的云纹。

椭圆形的玫瑰花环完全仿照玫瑰珠串的形制，花环上镶嵌着五个圆形的徽章状浮雕，每两个浮雕之间有十朵绽放的玫瑰。浮雕上的事迹套用了《玫瑰经》[125] 中有关圣母的内容，记录着圣母玛利亚一生的5件大事（又称“奥

图 5-46：《玛多娜玫瑰花环》

125. 正是由于中世纪晚期社会上流行起“圣母崇拜”的信仰风尚，“玛多娜玫瑰花环”才得以作为一种特定的雕刻类型而出现。在中世纪早期的艺术中，玫瑰很少作为圣母的象征，这种情况直到《玫瑰经》兴起之后才发生根本改变。最根本的原因是《玫瑰经》的主体《圣母经》在15世纪中期形成完整的祈祷文，《玫瑰经》在1495年始获教皇亚历山大六世的承认，随后得到多明我修会的大力推广，当时在德国中部有很大的影响。

绩”）[126]。浮雕背面分别刻着心脏、双手和双脚，对应着耶稣受难时的5处伤痕——耶稣被钉在十字架上，他的双手、双脚都带有铁钉所留下的伤痕。

蒂尔曼·芮门施奈德的《玛多娜玫瑰花环》中圣母的造型在风格上与之前相比有了新的提升。关键的改变在于，为了凸显玛利亚女性的柔美，圣母造型采用了扭动的身姿，如今这种“S型”的线条被再度夸张，进一步强调她腰线的变化。圣母的髋骨向左侧提起，前出的幅度极大，这使她突出的腰际形成一个宽敞的平台，圣母怀中的圣子可以端坐其上，圣母只靠一只左手就可以托住圣子。（Kalden－Rosenfeld：pp. 104－106）

整个《玛多娜玫瑰花环》实际是芮门施奈德和他的学徒们共同完成的作品。作品中雕刻的质量参次不齐，比如人物袍服上的衣褶比芮门施奈德其他作品都要浅和平；作品各部分还存在风格上的差别，比如连接浮雕的花环以及作品中奏乐的裸体小天使，在风格上都更倾向于文艺复兴的风格。这些都明显表明不是出于同一个作者的手笔。只有圣母柔美细腻的右手可以明确认定是芮门施奈德的杰作。

在福尔卡赫的《玛多娜玫瑰花环》之前，芮门施奈德还曾经雕刻过一件非常类似的作品，即现在被收藏于美国华盛顿敦巴顿橡树园博物馆的《新月上的圣母子》。此外，在这件作品完成之前几年，维特·史托斯为纽伦堡的劳伦斯教堂完成了《天使喜报》（*Englischer Gruß*）[127]。也许芮门施奈德曾经对维特·史托斯的这件作品有所借鉴。（图5-47、图5-48）

前面我们已经提过，《新月上的圣母子》应该是芮门施奈德为一座大型雕刻预先完成的模型。（Husband: pp. 335－338）学者们之所以有这种共识，主要依据就是《新月上的圣母子》雕刻得非常精致，特别是在大量细节和作品整体表现出来的感觉上，都可以认定它完全出自芮门施奈德的手笔；但是与此同时，这件雕像使用了质量低劣的木料，木头上的多处节疤——比如在玛利亚的右臂上——造成了雕像的开裂。因此，《新月上的圣母子》应该是芮门施奈德亲手制作的一件模型。这件模型刚巧是在雕刻《玛多娜玫瑰花环》之前

126. 从最上面的“圣母领报”开始，顺时针依次是“圣母访亲”“耶稣降生”“三王来朝”和“圣母之死”。

127. “天使喜报”其实与“圣母领报”表达的是同一个基督教主题，都是表现“天使长加百列向圣母玛利亚告知她即将受孕并最终生下圣子耶稣”一事。

图 5-47：美国华盛顿敦巴顿橡树园博物馆的《新月上的圣母子》（1521—1522 年）

图 5-48：维特·史托斯《天使报喜》

的1521年完成的，两件作品之间又有非常多的相似之处，或许它就是《玛多娜玫瑰花环》的最初样本。[128] 比如这两件作品中的“圣母”背部都被完全进行了雕刻，这一特征在芮门施奈德的其他“圣母子”雕像中是非常罕见的——他的大多数“圣母子”像的背部只是被简单地掏空，这就让这些雕像成为“单面”的作品——而《新月上的圣母子》和《玛多娜玫瑰花环》允许观者从前后两面去欣赏。

《玛多娜玫瑰花环》的背面完全采用风格化的“云纹”装饰，这与《新月上的圣母子》玛利亚背部雕刻细致的及腰长发在工艺上差别极大，这也显示出两件作品在质量上的差距——《玛多娜玫瑰花环》在很大程度上是由芮门施奈德手下的学徒们完成的。仔细观察这两件作品我们还可以发现更多细节上的不同，这些细节决定了它们在质量上的高下：比如在《新月上的圣母子》中，玛利亚正面波浪状的头发垂过肩头至腰间；但是在《玛多娜玫瑰花环》中，圣母柔软卷曲的长发被替换成一块完全包裹头发的长巾，这让雕像看起来颇为呆板，缺少生气。而且，玫瑰花环上的圣母其面孔更宽更扁，无法达到芮门施奈德亲手雕刻出的圣母形象所具有立体感，以及她瘦削的脸庞所透射出的忧郁的情绪——这与圣子脸上的喜悦表情本应形成戏剧性的对比。此外，圣子微启的嘴唇让我们看到他的牙齿、圣母的拇指在圣子腿上形成按压的痕迹，这些细节都一再让我们确认，《新月上的圣母子》是芮门施奈德创作晚期最杰出的作品之一。

虽然芮门施奈德在晚期作品中对人物形象和织物褶皱进行了大量的简化，但是在《新月上的圣母子》中，我们还是可以看到他在细节上对自然主义的坚持。圣母左手在圣子腿上留下的压痕，这一颇为典型的处理方式与尼克劳斯·杰哈尔德的“圣母子像”（《当格尔桑的圣母子》以及《圣母子》［*Virgin and Child*］[129]）可谓一脉相承，从中也就看出杰哈尔德对芮门施奈德的影响贯穿了后者创作的一生。（图5-49）

在杰哈尔德的《圣母子》中，我们能看到高腰的织物、多变的皱褶——特别是圣母的正面，带着锯齿状细穗的头巾与光洁的脸和颈部形成对比；在圣母的背面，织物又与波浪状垂下的长发形成对比——这些都延续了“美丽圣母”的风格。而圣母双手在圣子身上留

---

128. 当然，《新月上的圣母子》也可能是芮门施奈德指导手下徒工进行雕刻的一件教具或者样品，让他们以此为依据去完成更多同类的作品。

129. 这尊由黄杨木雕刻的《圣母子》雕像完成于1470年前后，今被藏于美国纽约大都会艺术博物馆。

图 5-49：杰哈尔德的“圣母子像”

下的压痕，又体现着自然主义的细节。芮门施奈德应该从杰哈尔德那里吸收借鉴了很多有益的元素，以塑造他个人的“圣母”雕像，比如作品整体的平衡感和空间感、圣母修长的躯干与明显较小的鹅蛋脸、通过大量丰富的织物表现体态，以及通过在作品内部各部分之间的反差和对比去获得艺术的张力。（Wixom: pp. 180－183）

（三）《悲悼基督》（*Beweinung Christi*），
林帕（Rimpar），麦德布隆的熙笃会女修院
（Zisterzienserinnen–Kloster zu Maidbronn），砂岩（1523 年）

在如今已经荒弃了的麦德布隆熙笃会女修院的教堂里，在主祭台的位置陈放着蒂尔曼·芮门施奈德最后一件传世之作。这是一件巨大的石雕作品，以当时颇为流行的“悲悼基督”作为主题。现存部分只是当初完整作品中心位置的浮雕，原来应该还有配套的边框。[130] 现在整幅石雕被改造成祭坛的样式，祭坛的基座上刻写有铭文以及指示年代的“1526”字符，据推测这些都应该属于另外一座圣母祭坛。[131] 根据艺术史学家朱利安·沙皮伊的推断，《悲悼基督》浮雕应该雕刻于1519至1523年，因为根据记录，这一时期曾有一位石匠在芮门施奈德的工作室做帮工。[132] 此外，1519年5月，维尔茨堡主教还曾向麦德布隆女修院捐

130. 芮门施奈德的《悲悼基督》曾经在17世纪被重新改造过，通过这次改造《悲悼基督》浮雕变成了一座祭坛，它的左右各添加了一根爱奥尼亚式立柱，还有边框外侧的两尊圣像——圣徒彼得和保罗。

131. 根据另一种说法，《悲悼基督》在1526年被安放于麦德布隆女修院教堂，以纪念1525年维尔茨堡的教会和贵族联合镇压了农民起义。（Chapuis: pp. 35）

132. 有关《悲悼基督》浮雕的制作年代，学者们并没有形成一致意见。如芮门施奈德研究者伊丽丝·卡尔登-罗森菲尔德就认为，这件作品的完成年代在1525年。（Kalden-Rosenfeld: pp. 115-117）

赠过一笔高达数百古尔登的款项，用于改善修道院内业已残破的陈设和装饰，这笔钱可能促成了雕刻《悲悼基督》的动议。

如今有关这座浮雕的详细记载已不可考，今天还可以找到的只有修道院在1526年曾向芮门施奈德支付过11个古尔登的记录，这笔钱是向他订制一尊石雕的费用，当然也可能是支付一段铭文的费用。（Kirsch：pp. 270）我们只能推测记载中的石雕与《悲悼基督》之间存在某种可能的关联。[133]（图5-50）

《悲悼基督》也极有可能是为了捐建者表达感恩的“还愿像（Votivbild）”。死于1520年的瓦伦汀·冯·格鲁姆巴赫很可能就是这件作品的最初委托人。但是由于这座浮雕被改建过，上面已经看不到感恩的文辞或捐建者的形象，所以《悲悼基督》是还愿像还只是一种猜测。此外，“悲悼基督”也是当时人们在祈祷时所用“祷告圣像（Andachtsbild）”的常用主题[134]。

在整幅浮雕的中轴线下端是耶稣的尸身——尸体倒在摊开的裹尸布上。耶稣的上身被半蹲的阿里马提亚的约瑟（Joseph von Arimathia）[135]双手扶住，脸孔朝外，带着荆冠的头部轻轻地向后斜靠在约瑟的怀里，跪倒在近旁的圣母玛利亚平静地抬起耶稣的左手。在他们3人背后是手持油膏罐的尼哥德慕（Nikodemus）——这尊雕像也被人们认为是芮门施奈德的自画像。尼哥德慕的左侧是使徒约翰，约翰的左手放在圣母的臂肘处，仿佛在轻轻抚慰这位刚刚失去爱子的母亲——耶稣、圣母、约翰3人的左手在浮雕中集中于一处，突出了基督福音的传承关系。在浮雕最左侧的十字架下，站着两位悲痛的妇人，在浮雕右侧的十字架下，则是一个抽泣的女子和一位蓄须的男子，在他们前面是跪着的玛利亚·玛德琳，

---

133. 但是另有一种观点认为，《悲悼基督》浮雕根本不是为麦德布隆女修院所作，它的委托人是林帕的骑士礼拜堂。因为“悲悼基督”这一主题表明，它应该是为一处墓地所作。麦德布隆的修会教堂一直到15世纪80年代都是冯·格鲁姆巴赫家族的家族墓园，但是1487年在林帕的骑士礼拜堂建成之后，该家族的墓地就迁离了这座修会教堂。这也同时可以解释为什么这座《悲悼基督》浮雕在17世纪初被重新改造。从它的规模上看，它对修会教堂而言明显有些太大了。（Kalden-Rosenfeld: pp. 115）

134. “祷告圣像”大多采用雕刻或绘制的方法去表现《圣经》中的人物形象或它所记述的宗教事件，用于信徒的祷告或礼拜仪式。“祷告圣像”所采用的主题基本来自耶稣、圣母和圣徒们的生平，特别常见的是有关“耶稣受难”的系列主题。

135. 阿里马提亚的约瑟是位圣徒，他捐出了为自己准备的坟墓用来安葬耶稣。

图 5-50：《悲悼基督》

图 5-51：《悲悼基督》细节

她因为不忍目睹死去的耶稣，所以身体背向耶稣，右手扶着油膏罐，左手用衣襟拭泪。浮雕中的场景采用了典型的金字塔形布局，其中的10个主要人物被有机融为一体，前景与背景的差异不再清晰，织物上的风格化皱褶被极大简化，人物的身体轮廓显得更加清晰。在中央十字架的左右是两个全身敷满羽毛的飞翔的天使。在正上方的浮雕边框上，刻着太阳和月亮。

在整幅浮雕中，除了圣母玛利亚的脸上带有些许沉着安详的气质，其他所有人的面孔都透露出忧愁和痛苦。此外，这些人物之间是没有交流的，他们的眼神是放空的，他们的精神是内化的。除了死去的耶稣，其他人物的身躯都被织物紧紧包裹，他们的膝盖大多向前弯曲，因此整个体态也被呈现为躬身的姿势。

尽管这件作品没有文字记载可以证明它出自芮门施奈德之手，但是从作品中雕像的风格来看——无论是布局还是人物形象都与芮门施奈德晚期作品中的特征一致，更加理想化和平滑，所有人物的表情都呈现出共同的转向内心的沉思，而缺失个性化的情绪——它的作者必定是晚期时代的芮门施奈德。（图5-51）

蒂尔曼・芮门施奈德在1525年后的生活我们是完全不了解的。文字记载中只有一次提到过他还在从事雕刻工作。那是1527年，他为基辛根本笃会女修院教堂中的一座石雕进行修缮。这座石雕应该就是今天收藏于维尔茨堡美茵弗兰肯博物馆的《圣母子与圣安娜》，由芮门施奈德雕刻于1490至1495年。根据类型学分析，石雕中圣安娜头巾的前部和圣母玛利亚左边的卷发都因受损而进行过修补，而修补者的技艺极高，手法与原作者如出一辙，因此判断这就应该是记载中1527年由芮门施奈德亲手完成的。（Chapuis: pp. 226－228）

第六章　蒂尔曼·芮门施奈德的传人

按照迈克尔·巴克森德尔教授的观点，芮门施奈德成功的关键——特别是他在商业上的成功——还在于他采用了颇为超前的艺术生产组织观念，有效地提高了木雕制品的制作效率。

首先，芮门施奈德的工作室在那个时代应该算是顶级规模的，先后有近40名学徒或游学的徒工为他的工作室工作。其次，芮门施奈德将他创造出的风格化形式不断简化和标准化，让他的学徒能够尽快掌握由他定型的雕刻细节，让他们更便于去模仿和复制——特别是眼睛、双手、头发这些最费工的部分，芮门施奈德（工作室）的作品总是能够达到最好的效果，看起来优雅而细致；再次，芮门施奈德应该对制作环节进行了更为科学的安排，他将整件雕塑进行拆解，让每一个学徒重复雕刻单一的部分，然后再重新整合为一件完整的作品，从而实现雕像的批量生产；最终，这种极具效率的制作方式，为他提供了更大的价格优势——他可以以更低的价格向市场投放产品。这些都让芮门施奈德在维尔茨堡乃至下弗兰肯地区占据了绝对的垄断地位，在这里根本没有与他抗衡的竞争者出现。[136]（Kemperdick: pp. 79；Baxandall: 1999, pp. 85－86）

136. 当时的雕刻品贸易，除了大客户会向雕刻家直接订购作品以外，还有零售市场存在。零售市场上出售的作品大多规制较小，题材也较为单一，多是当时人们喜闻乐见的内容。根据芮门施奈德现存的这类作品判断，他的工作室投放市场的多是《耶稣受难十字架》或《圣母子像》。虽然我们现在还不清楚芮门施奈德工作室产品的零售渠道，但是根据记载也可略作推断，维特·史托斯在纽伦堡拥有售卖雕刻品的店铺，同时代维尔茨堡的手艺工匠会通过周边乡镇定期的集市直接售卖自己的产品。

这里也还有必要做一下说明，要从大量掺杂着学徒手艺的作品中寻找出纯粹由芮门施奈德本人亲自完成的所谓“真迹”，这完全是不可能的。按照中世纪晚期艺术品的生产方式，工作室出产的作品都带有集体创作的特征。工作室中的学徒和帮工对“大师的风格”早已烂熟于心，他们必须按照“大师的风格”去完成大师布置的任务，所有作品都必须以大师的名义对外销售。即便是外来游学的匠人，也必须在工作室中模仿这位大师的手艺，去完成分配给他们的工作。因此，即便有相当优秀的作品被明确记载为“出自芮门施奈德之手”，这也并不意味着这件作品完全是由芮门施奈德独自完成的，而更可能是说这件作品在芮门施奈德的“监督”之下被完成，[137] 比如斯坦纳赫教区礼拜堂中的《耶稣受难十字架》，根据一份写在羊皮纸上的文稿记载：“基督纪年1516，这尊雕像由维尔茨堡市议员、匠师蒂尔曼雕刻完成。”但是在芮门施奈德创作的后期，其实绝大多数作品都是由学徒和帮工完成的。在1490至1524年间，共有26位帮工曾经在芮门施奈德的工作室工作过。（Chapuis: pp. 38－39）因此，我们今天把符合以下3点的作品都称为“芮门施奈德的作品”：1. 在雕塑设计中蕴含有深刻的思想；2. 对思想主题的刻画表现出丰富而细腻的情感；3. 对雕塑表面的处理细致而又极具差异化。

蒂尔曼·芮门施奈德为罗腾堡的《圣血祭坛》雕刻塑像，只得到60古尔登的酬金，这连米内尔施塔特《玛德琳祭坛》酬劳的一半都不到。酬劳给得少，自然作品的质量就要打折扣，这也就可以解释《圣血祭坛》上独立的塑像为什么数量更少，两翼上的浮雕为什么只有两幅而不是常见的四幅。像《玛德琳祭坛》神龛中那样的大件单人的塑像，其造价要比《圣血祭坛》神龛这种多人的群雕高出很多，单人雕像要求更加细致的雕刻工艺，对哪怕最小的细节也必须倾尽心力。另一方面，尽管从技术上来讲《圣血祭坛》的工艺实属上乘，但是塑像的造型缺少变化，因此它应该是芮门施奈德工作室成熟时期的量产型作品。（Kalden－Rosenfeld：pp. 79）从时间上来判断，《圣血祭坛》的制作应该与维尔茨堡玛利恩教堂上面的砂岩圣徒像几乎同期，但是祭坛上耶稣门徒的面部表情明显没有石像的形态那样多变，这应该也是因为成本问题而牺牲了作品的质量，导致木雕人像缺少了个性。祭坛中的使徒，他们的发型和容貌几乎可以互换，他们的表情都非常相似，使徒与使徒之间

---

137. 作品上往往只会留下工作室大师的名号，这一方面是为了表示对大师的敬意，另一方面也意味着大师需要为工作室出品的产品在质量上负责。（Kirsch：pp. 58）

几乎没有差异。（如果耶稣、犹大和约翰不是因为他们处于神龛的中心位置而得到强调，如果不是因为他们的姿态和携带的标志饰物揭示出他们的身份，那么我们几乎无法分辨他们的身份。）

蒂尔曼·芮门施奈德在《圣血祭坛》中亲手完成的部分，应该是神龛“最后的晚餐”的大部分和顶部的“圣母领报”主题的两尊塑像。在神龛中，芮门施奈德雕刻了前排的5个人物以及后面的耶稣、彼得、约翰、大雅各布（带使徒帽的那位）和手端酒杯的门徒。从风格和造型上他们是统一的。至于“最后的晚餐”后排靠右侧的人物，他们应该出自学徒之手，然后由芮门施奈德在脸部的细节上有所加工。而神龛最右侧的门徒，因为他丰腴的脸、蒜头鼻子、微薄的上唇、有力的下唇、宽下巴等特点，让他与其他人物形象明显不同。

在“进入耶路撒冷”浮雕的风格和造型虽然与芮门施奈德亲手雕刻的作品一致，但是它也不是大师亲自完成的。这幅浮雕在结构布局上堆砌了大量形象和主题，这种情况在芮门施奈德的作品中是没有出现过的。左面使徒们的面孔从下至上挤成了一堆，发卷看起来让人产生它们融在一起的错觉。在城门下面的那一组人物也有同样的问题。耶稣身后的那些人物，绝大多数脸部特征与芮门施奈德的标准造型不一致，他们大多有着大眼睛和厚而突出的嘴唇。只有耶稣、彼得和约翰的脸部应该是芮门施奈德加工过的。耶稣浮雕上，耶稣的上身和下身不成比例，腿部明显过短。芮门施奈德其他的一些特征在这幅浮雕中也有出现，比如服饰衣褶上大量的皱痕，或者背景中以多跟线条扭曲而成的树干等。

与质量上乘的神龛和折翼浮雕相比，祭坛顶部双手扶持“圣物十字架”的两个天使像就显得工艺粗糙了，他们是这座祭坛中雕刻得最差的形象。他们的造型非常程式化，毫无表现力，应该是由一个还没有习得芮门施奈德手艺真谛的学徒完成的。

一、芮门施奈德的学生

作为德国中世纪末期最有影响力的艺术家之一，蒂尔曼·芮门施奈德在他一生中也培养了相当一批优秀的雕刻家。芮门施奈德的传人和学生对他的雕刻艺术进行了继承完善与进一步的发展，他们不仅丰富了德国雕刻艺术的宝库，并且将芮门施奈德的雕刻风格深深印刻在德国艺术史中。

在芮门施奈德的学生中，最著名的是汉斯·弗瑞斯（Hans Fries）和彼得·戴尔（Peter

Dell）。

根据现存官方档案的记载，蒂尔曼·芮门施奈德应该招收过最少12名正式学徒，他们先后在芮门施奈德的工作室学习并大多曾为芮门施奈德当过一段时间助手。根据当时手工行业的惯例，学徒们在投师时年龄都不会很大，平均应该只有14岁，每一名学徒一般都会跟随老师进行长达4年的学习，然后辞别老师踏上游学之路。这些学徒大多来自南德城市，比如有两人来自维尔茨堡以南40公里的小城梅尔根特海姆（Mergentheim）[138]，还有一个名叫威廉的学生，来自更远的西部城市的科隆。此外，从1490至1524年之间，应该至少还有26个游学工匠或帮工曾经在芮门施奈德的工作室短暂工作和学习过。[139]（Kemperdick：pp. 78）而根据卡尔登－罗森菲尔德的推测，为芮门施奈德工作的帮工数量应该更多（Kalden－Rosenfeld：pp. 21－22），格奥尔格·哈本尼希特则认为，按照芮门施奈德工作室的产量，至少有40名帮工曾经在芮门施奈德的工作室工作过。

现存于纽伦堡日耳曼国家博物馆历史档案和维尔茨堡城市档案馆的两份《蒂尔曼·芮门施奈德学徒名单》（*Register der Lehrknaben Tilman Riemenschneiders*）——分别出自1501年和1534年刊定的档案《维尔茨堡艺术工匠行会名册》（*Register der Maler–, Bildhauer– und Glaserzunft in Würzburg*）。根据这两份名单，特别是维尔茨堡1534年的名单，我们可以清晰地看到芮门施奈德12名学徒的名字以及籍贯：

Wilhelm von Koln（科隆的威廉）

Hanß Brawn von Geyselherge in Beyern（巴伐利亚盖瑟海尔格的汉斯·布朗）

Hans Gottwalt von Lor（洛尔的汉斯·哥特瓦尔特）

Henrich Schusler von Newenstat（诺伊施塔特的海因里希·舒斯勒）

Augustin Reyß von Yphouen（伊福芬的奥古斯丁·莱斯）

Henßlein Fries von Mergethim（梅尔根特海姆的汉斯·弗瑞斯）

Waltassar Rappolt（瓦尔塔萨尔·拉波特）

---

138. 如今这座市镇的官方名称是巴特·梅尔根特海姆（Bad Mergentheim）。

139. 根据当时手工行会颁布的规定，工匠师傅招收学徒的数量、频率、授业时长等都是有严格限制的，但是一家工作室或作坊招收游学者和帮工的数量则不设上限。

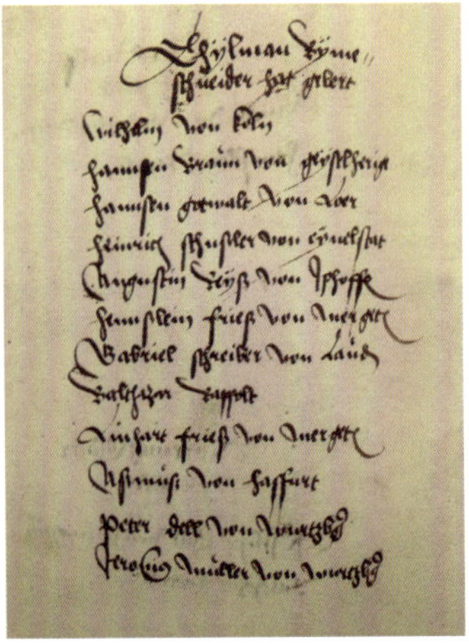

图 6-1：《维尔茨堡艺术工匠行会名册：蒂尔曼·芮门施奈德学徒名单》

Gabbriheil Schreiber von Lauden（劳达的加布里埃尔·施莱伯）

Linnhardt Friß von Mergethen（梅尔根特海姆的林哈特·弗瑞斯）

Assimuß vom Hasfurdt（哈斯福特的阿希穆斯）

Peter Dell von Würczburgk（维尔茨堡的彼得·戴尔）

Jeronimus Muller von Wurtzburg（维尔茨堡的杰罗尼姆斯·穆勒）

根据《维尔茨堡艺术工匠行会名册》上的名单，[140] 汉斯·弗瑞斯是蒂尔曼·芮门施奈德的第六位学生。汉斯·弗瑞斯出生于殷实的市民家庭，他的父亲在梅尔根特海姆经营旅店，1490年获得市民权，并且长期担任当地的市政委员。汉斯·弗瑞斯还有两个弟弟——林哈特（Linnhardt）和劳伦斯（Lorenz）。林哈特同样是芮门施奈德的学生，位列名单的第九位。但颇为可惜的是他后来因为继承父业返回了梅尔根特海姆，放弃了艺术之路。劳伦茨·弗瑞斯则走上政途，日后成为维尔茨堡主教颇为倚重的顾问兼秘书。（图6-1）

据推测，汉斯·弗瑞斯大约出生于1490年，他投师芮门施奈德开始学艺的时间大概在1505至1508年之间，当时芮门施奈德的工作室正好承接了维尔茨堡玛利恩教堂外壁《圣徒群雕》和班贝格主教座堂《皇帝石棺》的委托——这也可能是弗瑞斯擅长石雕的原因之一。在1510年前后，汉斯·弗瑞斯结束了他在芮门施奈德门下的学徒生涯，因

140.《名册》上写作Henßlein fries von mergethem。

为在这一年，他承接了第一件正式的订购委托，为贵族菲利普·冯·万斯贝格夫妇雕刻墓碑。我们今天可以看到，万斯贝格夫妇的墓碑是独立的两块石碑——两座石碑在形式上是对称的——两人的等身浮雕相对而立，石碑上的盾徽分列左右遥相呼应。汉斯·弗瑞斯在雕刻中表现出强烈的写实风格，最明显的就是他让菲利普·冯·万斯贝格以“秃顶”形象示人，这在当时是非同寻常的设计，因为当时的人认为“秃顶”是很不雅观的事情。《菲利普和安娜·冯·万斯贝格夫妇墓碑》（*Grabdenkmäler für Philipp und Anna von Weinsberg*）完成于1515年，如今被放置在雅克斯特河谷的申塔尔（Schöntal an der Jagst）熙笃会修道院教堂中。（图6-2）

图 6-2:《菲利普和安娜·冯·万斯贝格夫妇墓碑》

在完成了《菲利普和安娜·冯·万斯贝格夫妇墓碑》之后，汉斯·弗瑞斯又在1520年为罗廷根的政务官菲利普·冯·赛因斯海姆夫妇制作了《菲利普·冯·赛因斯海姆夫妇墓碑》（*Grabdenkmal für Philipp von Seinsheim und seine Gemahlin*），这座石雕墓碑的形制巨大，它高达3.20米，宽1.88米，是那个时代最大的墓碑之一。汉斯·弗瑞斯在雕刻这座墓碑的过程中，尝试运用了大量源自意大利的文艺复兴式元素，比如墓碑上部的那两个身材圆润、神态自由的小天使，以及墓碑右下角方格中踩着花朵准备搭弓放箭的爱神，这些形象在当时都是相当具有“现代”意味的主题。我们如果回顾蒂尔曼·芮门施奈德的《主教劳伦斯·冯·比普拉墓碑》就会发现，罗廷根墓碑上的裸体小天使与主教墓碑华盖中的众天使非常相似，天使形象都显示出自由活泼、生动有力的意大利文艺复兴风尚，这与蒂尔曼·芮门施奈德作品中人物一贯所表现出的忧伤内敛的精神气质大为不同。（图6-3）

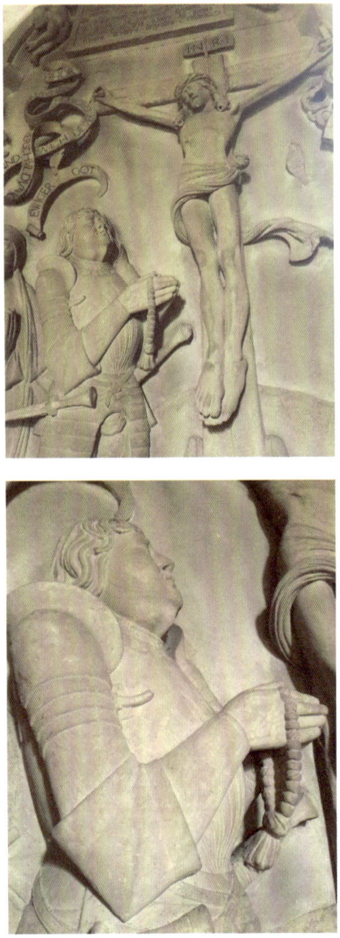

图 6-3：《菲利普·冯·赛因斯海姆夫妇墓碑》

1521年前后，汉斯·弗瑞斯在陶伯河上的罗腾堡取得执业资格并成为罗腾堡市民，他还在这里娶了妻子，新娘是一位名叫路德维希·施瓦茨（Ludwig Schwarz）的罗腾堡市民的女儿。这位路德维希·施瓦茨极有可能是蒂尔曼·芮门施奈德的老朋友、罗腾堡方济各修会修士马丁·施瓦茨的亲属。（Schneider：pp. 203）但是很快，伴随着宗教改革在德意志土地上愈演愈烈，“捣毁圣像运动”也随之而来，并迅速席卷了罗腾堡。一时间，没有人敢于再订购圣像，汉斯·弗瑞斯的生计受到严重影响。1526年12月，汉斯·弗瑞斯离开罗腾堡，到维尔茨堡投靠在教会中任职的弟弟。维尔茨堡主教在挫败农民起义之后，依然维持着传统的天主教礼俗，这也就保证了汉斯·弗瑞斯仍然可以得到教会以及贵族的委托合约。汉斯·弗瑞斯在1526至1532年间还完成过数件大型的作品——其中一件是为维尔茨堡主教座堂雕刻的《圣基利安半身像》（*Büste des Heiligen Kilian*），但是很可惜这件作品没有被保留下来。此外，是他在1526年雕刻的《康拉德·冯·格鲁姆巴赫墓碑》（*Grabdenkmal für Konrad von Grumbach*），这座墓碑存放于林帕的教区教堂中。

汉斯·弗瑞斯死于1533年冬，死后埋葬于主教座堂墓地，埋葬在他的老师蒂尔曼·芮门施奈德身边。随着汉斯·弗瑞斯的离世，维尔茨堡在芮门施奈德手中创立起来的雕刻艺术的鼎盛局面也迅速走向衰落。维尔茨堡当地的权势人物已经不再把重要的合约交给本地的工匠去完成，当政的采邑主教康拉德二世·冯·廷根（Konrad II. von Thüngen）委托了艾希施泰特的罗伊·赫尔林（Loy Hering）雕刻自己的墓碑，这座墓碑如今仍然镶嵌在维尔茨堡主教座堂的墙壁上，很明显，这座墓碑的雕刻风格已经与蒂尔曼·芮门施奈德发展成熟的墓碑样式差别极大。

蒂尔曼·芮门施奈德培养的12名学徒中，彼得·戴尔[141]也许是日后知名度最高的一位。根据《维尔茨堡艺术工匠行会名册》的记录，彼得·戴尔是芮门施奈德的第十一位学徒。因为没有确切的档案被保存下来，研究者们只能推断，彼得·戴尔在1490年前后生于维尔茨堡，在16世纪最初的10年中跟随芮门施奈德学习，1510年左右结业。随后他曾南下巴伐利亚，在1511至1514年间在兰茨胡特跟随当地一位名叫汉斯·兰贝格尔（Hans Leinberger）的知名雕刻家学过手艺。后来彼得·戴尔还去过维也纳，在那里间接受到尼克劳斯·杰哈尔德艺术风格的影响。（图6-4）

图 6-4:《主教康拉德二世·冯·廷根墓碑》（*Grabdenkmal des Bischofs Konrad II. von Thüngen*）

与汉斯·弗瑞斯一样，彼得·戴尔并没有完全继承已经在蒂尔曼·芮门施奈德那里发展成熟了的晚期哥特式雕塑的形式语言，而是在作品中添加了很多来自意大利的元素，比如立柱和拱顶等。此外，他还进一步扩展了雕刻艺术的形式，不仅制作大型的圣像和墓碑，还为私人藏家完成了大量小型的浮雕画。彼得·戴尔的雕刻作品带有他典型的个人特征，最大的特点就是他在织物表面雕刻出平行而细密的褶皱，特别是人物的上衣和袖子，这在他的代表作《圣母子和圣安娜》（*Anna Selbdritt*）（约1525年）、《圣母像》（*Muttergottes*）（约1525年）以及《七宗罪的寓言》（*Allegorische Figuren der Sieben Todsünden*）中都有明显的体现。（图6-5）

16世纪20年代前半期，彼得·戴尔曾一度返回维尔茨

141. 在艺术史中他也经常被称作老彼得·戴尔（Peter Dell der Ältere），以示与他同名的儿子小彼得·戴尔（Peter Dell der Jüngere）相区别。小彼得·戴尔也是一名雕刻家。

图 6-5：《圣母子和圣安娜》和《圣母像》

堡谋生——当时的维尔茨堡已有5家雕刻工作室[142]，而且在1522年，约尔格·芮门施奈德也取得了“雕刻大师”的资格。面对激烈的市场竞争，彼得·戴尔将业务中心放在维尔茨堡西北的施佩萨特地区。直到今天，这一地区的多座乡村教堂中仍然保留着他的作品，比如阿尔策瑙霍尔斯泰因圣维尔吉弗蒂斯教堂（St. Wilgefortis Kapelle in Hörstein, Alzenau）中的《圣母子和圣安娜》就是他的早期杰作之一。但是1525年的农民战争打断了他的职业规划，为了躲避战火重谋生路他被迫前往德国东部的萨克森，在弗赖贝格的宫廷中为萨克森公爵服务。应该说，正是因为宗教改革和农民战争造成圣像订单锐减，彼得·戴尔才转向小型浮雕画的制作，其中既有宗教类题材的雕刻，也有他为同时代人物制作的肖像浮雕。这也从一个侧面证实了他对源自意大利的文艺复兴风格的肖像理论和技巧早已掌握熟练。在纽伦堡日耳曼国家博物馆保存着一份带有彼得·戴尔亲笔签字的小册子，小册子是当时法国的让·佩勒林（Jean Pelerin，1445－1524年）撰写的艺术理论读物《透视的艺术》（*Von der Kunst Perspektiua*）的德语版。彼得·戴尔的浮雕作品都遵循了比较简单的透视原则，在塑造人物时也注意运用解剖学知识，他的这类作品基本上都雕刻得比较浅，同时

，当时还有沃尔夫·伦茨（Wolf Rentz）、格奥尔格·莫尔（Georg Mor）、汉斯·哈尔茨（Hans Hartz）和格奥尔格·斯图姆夫（Georg Stumpf）这四位雕刻工匠所开设的作坊。（Kammel：2004）

图 6-6：《基督拯救的寓言》和《潘克拉茨·凯梅尔的肖像浮雕》

又兼顾着结构上的层次感，并在作品中配以大量的花饰。其中比较有代表性的作品包括收藏于纽伦堡日耳曼国家博物馆的《基督拯救的寓言》（*Allegorie des christlichen Heilswegs*）（1534）和收藏于柏林雕塑典藏和拜占庭艺术博物馆的《潘克拉茨·凯梅尔的肖像浮雕》（*Porträtrelief des Pankraz Kemmerer*）（1536年）。（图6-6）

1534年，彼得·戴尔再次回到了他的家乡，并正式加入了圣路加兄弟会成为维尔茨堡市民。自此以后的日子里，彼得·戴尔的工作主要转向雕刻墓碑，他先后承接了《约翰·冯·罗伊希滕贝格侯爵夫妇石棺》（*Tumba für den Landgrafen Johann von Leuchtenberg und seine Gemahlin*）（1534年）、《骑士保罗·福克斯·冯·博克布莱巴赫墓碑》（*Grabdenkmal des Ritters Paul Fuchs von Burgpreppach*）（1540年）、《主教康拉德·冯·比普拉墓碑》（*Grabdenkmal des Bischofs Konrad von Bibra*）[143]（1544年）、《约尔格·冯·弗伦霍芬和妻子希碧拉·冯·施瓦岑贝格墓碑》（*Grabstein des Jörg von Fronhofen und seiner Gattin Sibylla von Schwarzenberg*）（1548年）、《索勒·冯·罗滕斯坦家族墓碑》（*Grabstein der Familie Zoller von Rottenstein*）（1545至1550年）等订单。彼得·戴尔在雕刻墓碑

143. 应该说，彼得·戴尔在雕刻《主教康拉德·冯·比普拉墓碑》时，在形式上参考了罗伊·赫尔林雕刻的《主教康拉德二世·冯·廷根墓碑》

图 6-7:《主教康拉德·冯·比普拉墓碑》、《约尔格·冯·弗伦霍芬和妻子希碧拉·冯·施瓦岑贝格墓碑》和《索勒·冯·罗滕斯坦家族墓碑》

时，一方面他继续沿用传统的晚期哥特式的墓碑造型，比如带有铭文的基座、盾徽点缀的边框、真人大小的雕像等——人物的造型不再像此前他制作的肖像浮雕那样强调人文主义的自我觉醒，而是让人物以下跪的姿态虔诚地面对十字架上的耶稣；在另一方面，彼得·戴尔采用了透视法以突出场景的立体感，特别是在《索勒·冯·罗滕斯坦家族墓碑》上，他让下跪的人像逾越了边框以实现景深效果。与此同时，彼得·戴尔所雕刻的十字架上的耶稣不再如真人大小——随着耶稣像的缩小，教会的神权力量在无形中被削弱了——墓碑主人所代表的世俗人权却得到了强调。这种人与神在造型比例上的调整反映了那个时代人文主义对宗教神权的挑战，同时也可以算是彼得·戴尔的一大发明。（图6-7）

像蒂尔曼·芮门施奈德一样，彼得·戴尔在艺术上的成功也为他带来崇高的社会声望，他先后三次当选为行会委员会的委员。他经营着自己的工作室，培养出多位优秀的学生，其中最出色的就是他的儿子——小彼得·戴尔（Peter Dell der Jüngere）。1552 年，彼得·戴尔过世。他被认为是继他的老师蒂尔曼·芮门施奈德之后，维尔茨堡雕刻艺术复兴的核心人物。

除去《维尔茨堡艺术工匠行会名册》上记载的12位学徒之外，其实还有一些当时的雕刻家被人们认为也是蒂尔曼·芮门施奈德的学生。

根据现有研究，16世纪上半叶活跃于德国萨克森的著名雕刻家彼得·布罗伊尔（Peter Breuer）就极有可能是蒂尔曼·芮门施奈德最早招收的学徒之一，因为《维尔茨堡艺术工

图 6-8：《茨维考祭坛》

匠行会名册》中的原始档案有部分遗失，布罗伊尔与芮门施奈德的确切关系已经不得而知。但是不可否认，这位出生于茨维考的雕刻家在作品中始终带有与芮门施奈德雕塑风格鲜明的师承关系。

彼得·布罗伊尔大约生于1470年。维尔茨堡1492年的市政登记簿上第一次提到这位来自茨维考的画艺学徒（malergesell von zwika），他后来辗转前往乌尔姆等地继续学艺生涯，直到1497年才重返故乡。在茨维考彼得·布罗伊尔于1504年取得市民权，并开始经营自己的工作室，一直到他1541年去世。

如今，陈列于莱比锡格拉西装饰艺术博物馆（Grassi Museum für Angewandte Kunst Leipzig）的《茨维考祭坛》（*Der Zwickauer Altar*）是彼得·布罗伊尔的代表作之一。这座折翼祭坛完成于1500年前后，是雕刻者为当时茨维考的尼古拉教堂（Nikolaikirche in Zwickau/Sachsen）制作的。（图6-8）

图 6-9：《圣法比安》与《圣伊拉斯谟》

现存的《茨维考祭坛》并不完整，只保留了中央的神龛、左右两翼和基座，神龛上的5座圣像由彼得·布罗伊尔完成，两翼以及基座上的彩绘版画则出自汉斯·黑塞（Hans Hesse，约1470—1539年）之手。

神龛正中是怀抱圣子的圣母，4位圣徒分列圣母左右，他们从左到右依次是圣尼古劳斯、圣卡特琳娜、圣芭芭拉和圣法比安。其中，圣尼古劳斯和圣法比安的形象带有鲜明的芮门施奈德风格。特别是这两个人物的五官，完全沿袭了芮门施奈德刻刀下老年男性的容貌特征：头部稍稍歪向一侧，杏仁状的眼睛，下眼皮有两道清晰的皱纹、眉尾向下耷着、瘦削的面颊、挺立的鼻梁、鼻翼两侧深刻的法令纹、高耸的颧骨。（图6-9）

如果我们对比现藏于柏林雕塑典藏和拜占庭艺术博物馆（Skulpturensammlung und Museum für Byzantinische Kunst）中的《圣伊拉斯谟》（*Der heilige Erasmus*）[144] 就会发现，《圣伊拉斯谟》与《圣法比安》（*Der heilige Fabian*）这两座雕像几乎如出一辙，包括两者都采用了扁长椭圆形的轮廓，两位圣徒双手抱持法器的姿势，以及织物整体上的结构和样式——两位圣徒都是用左手在身前高高提起外袍——从而在他们身体的正面产生了一条笔

144.《圣伊拉斯谟》是蒂尔曼·芮门施奈德于1500年前后为基辛根的教区教堂制作的。

直的对角线，同时让织物呈现为一个大大的“V”字形。外袍上的皱褶都雕刻得既短且深，视觉上显得更立体，传达出一种织物厚重的感觉。两者长袍的边缘都被处理成丝穗状以进行修饰。此外，两者帽冠上垂下的布条、两人领口处露出的方领巾上的皱褶，还有两人右手手套上的皱痕也非常相近。圣伊拉斯谟与圣法比安两人的容貌也惊人一致，他们都以瘦弱老者的形象示人——他们瘦削的面颊上流露着忧伤的表情，这带有非常明显的芮门施奈德作品特征。这种形态和结构上的高度一致性，足以证明两尊雕像拥有共同的参照原型，也不由得让人们猜想，彼得·布罗伊尔应该是出身自蒂尔曼·芮门施奈德门下的高徒之一。

二、芮门施奈德的子嗣

关于蒂尔曼·芮门施奈德的子嗣，可以在他1522年所立下的一份《遗产公证书》中一窥端倪。在这份公证书里，蒂尔曼·芮门施奈德的孩子们是他在瓦格纳巷（Wagnergasse）大宅的共同继承者。但是3年之后，《遗产公证书》的内容被做了彻底修改，芮门施奈德的长子约尔格[145] 成为瓦格纳巷大宅的唯一继承人。

约尔格·芮门施奈德生于1500年前后，是芮门施奈德与他的第二任妻子安娜·拉波特的孩子。根据官方记载，1522年7月25日约尔格·芮门施奈德正式在维尔茨堡圣路加兄弟会作为职业雕刻师登记。

虽然约尔格·芮门施奈德没有出现在父亲招收的学徒名册中，但是很有可能他是跟随父亲学习雕刻的，在他出徒之前，应该已经参与过蒂尔曼·芮门施奈德的一些重要作品的制作，比如《主教劳伦斯·冯·比普拉墓碑》和《玛多娜玫瑰花环》等。

约尔格·芮门施奈德存世的独立作品不多并且保存得也很不完整，他最知名的作品就是《蒂尔曼·芮门施奈德墓碑》（*Grabstein Tilman Riemenschneiders*），这座石碑的真迹如今保存于维尔茨堡的美茵弗兰肯博物馆，还有一块仿制品悬挂在维尔茨堡主教座堂的外墙上以供游人瞻仰。在墓碑上，约尔格采用浅浮雕来刻画父亲的样貌——蒂尔曼·芮门施奈

145. 在某些档案中也被记作格奥尔格·芮门施奈德（Georg ［Jörg］Riemenschneider），比如在维尔茨堡城市档案馆RB 387号名为“Register der Meister und Knaben in Saint Lucas Bruderschaft zu Würzburg”的档案第三页，有一条“格奥尔格·芮门施奈德，雕刻匠人获得‘Meister’资格”的记录。

图 6-10：《救苦救难十四圣徒》和《玛利亚加冕祭坛》

德头戴平顶的无沿软帽，身披宽大的长袍，这些都体现出墓主的市民身份。蒂尔曼·芮门施奈德双手握着祷告的珠串，双脚之间是他独有的盾徽。墓碑边沿环绕着一圈铭文，简要地记述了墓主的身份：公元1531年，在基利安日当晚，令人尊敬的维尔茨堡市民和技艺超群的雕刻家蒂尔曼·芮门施奈德逝世，愿上帝宽恕他，阿门！（Anno DM MCCCCCXXXI. am abent kiliani starb der ersam und kunstreich Tilman Rimenschneider. bildhauer burger zu wurczburg dem got gnedig sey Amen.）

《蒂尔曼·芮门施奈德墓碑》的墓主其实并不只有这位雕刻家一人，从墓碑中下部的铭文可以看到，他的女婿伯恩哈特·霍普（Bernhard Hop）也与他葬在一起。霍普是芮门施奈德长女格特鲁德的丈夫，他死于1541年。

除了为父亲雕刻的墓碑之外，现存的约有20件石雕和1件木雕被学者们认定是出自约尔格·芮门施奈德之手，其中包括收藏于维尔茨堡美茵弗兰肯博物馆中的椴木浮雕《救苦救难十四圣徒》（*Vierzehn–Nothelfer–Relief*）（1528—1530年）[146]、维尔茨堡方济各教堂中的石制墓碑《汉斯·冯·格鲁姆巴赫—埃斯滕费尔德墓碑》（*Grabdenkmal für Hans von Grumbach–Estenfeld*）[147]（1529年）以及在二战中损毁严重的《约尔格一世·特鲁克赛斯·冯·巴德斯海姆夫妇墓碑》（*Epitaph für Jörg I. Truchseß von Baldersheim und seine Ge-*

146. 现在也有人认为这件作品并不是约尔格·芮门施奈德独立完成的，他只是参与这件作品的雕刻。

147. 到底谁是这座墓碑的真正作者目前还没有定论。沃尔夫冈·施耐德（Wolfgang Schneider）在进行风格比对研究之后认为，这座墓碑也许出自汉斯·弗瑞斯之手。（Schneider：2004）

mahlin）（1530年），这座墓碑原来陈设在奥布的玛利亚升天教堂里。此外，也有学者猜测，罗腾堡圣雅各布教堂中的《玛利亚加冕祭坛》（*Maria Krönungs–Altar*）（1520年）也极有可能与约尔格・芮门施奈德有关——这座祭坛一直以来被认为出自芮门施奈德学徒之手。（图6-10）

也许是时代巨变导致社会无法给约尔格太多机会[148]，他并没有将父亲的艺术进一步发扬光大。大约在1570年，约尔格・芮门施奈德的一生画上了句号。

巴特尔迈・蒂尔・芮门施奈德（Bartlmä Dill Riemenschneider[149]）同样也是由蒂尔曼・芮门施奈德的第二任妻子安娜・拉波特所生，他与约尔格・芮门施奈德是同胞兄弟。他的出生时间应该也在1500年左右，因此他与约尔格之间的年龄相差不会太大。[150]

巴特尔迈・芮门施奈德最初的艺术熏陶应该是在父亲身边完成的，特别是他日后表现出来的强烈的人文主义精神，应该都源自蒂尔曼・芮门施奈德。按照加斯图斯・比尔的观点[151]，巴特尔迈极有可能在纽伦堡接受过丢勒的培养，但是目前还没有确凿的证据可以证实这一点。但是根据巴特尔迈的绘画风格判断，他应该在奥格斯堡有过求学经历。随着1525年德国农民战争被镇压，芮门施奈德一家在维尔茨堡的处境变得异常凶险，作为激进的宗教改革派别再洗礼派（Täuferbewegung）的信徒，巴特尔迈不得不离开父兄移居到政治气氛较为缓和的南蒂罗尔地区。他最先定居于波尔扎诺，根据当地教堂保存的档案可以证明，他从1528到1542年都一直有承接教堂委托的工作。在1531到1539年这段时间，巴特尔迈还曾在特伦托生活过，为那里的红衣主教伯恩哈特・冯・克莱斯（Bernhard von Cles）工作。

---

148. 格奥尔格・哈本尼希特博士认为，由于宗教改革和农民战争改变了人们的宗教观念，雕刻祭坛的盛期从此一去不返。人们不再需要订制大量圣像以表达虔诚信仰，约尔格・芮门施奈德没有机会施展他的才华。

149. 巴特尔迈（Bartlmä）有时也会被写作“巴托罗慕・蒂尔・芮门施奈德”（Bartholomäus Dill Riemenschneider）。

150. 安娜・拉波特与蒂尔曼・芮门施奈德一共育有三男一女，分别是大女儿格特鲁德（Gertrud）和三个儿子约尔格、汉斯和巴特尔迈。（Andergassen：2004）

151. Justus Bier: *Bartholomäus Dill Riemenschneider – ein Gehilfe Albrecht Dürers? In: Der Schlern 36*, 1962, S. 180-181.

图 6-11：波斯塔尔的《三王祭坛》和布雷克森的《三王祭坛》

巴特尔迈·蒂尔·芮门施奈德的作品所涉体裁广泛，他在祭坛画、湿壁画和建筑装饰画方面都有建树，其中又以祭坛画最为见长，因此他一直以来都被看作是文艺复兴时期南蒂罗尔地区最重要的艺术家之一。巴特尔迈最主要的作品是1541年他为波斯塔尔的三王教堂（Dreikönigskirche in Burgstall）所绘制的折翼主祭坛《三王祭坛》（*Dreikönigsaltar*）——祭坛中央的镶板画如今仍陈列于这座古老的教堂，它的左翼被收藏在意大利特伦托的布翁孔西格里奥城堡省立美术馆（Castello del Buonconsiglio），右翼收藏于奥地利因斯布鲁克的蒂罗尔国立博物馆（Tiroler Landesmuseum）。此后，他又在1545年为布雷克森大教堂绘制了相同题材的折翼祭坛——《三王祭坛》（*Dreikönigsaltar*）。这座祭坛目前被收藏在布雷克森的霍夫堡教区博物馆（Diözesanmuseum Hofburg in Brixen）。（图6-11）

通过这两座祭坛我们可以发现，巴特尔迈·蒂尔·芮门施奈德已经在非常自如地使用意大利文艺复兴元素，绘画中优雅的人物、古代的建筑、逼真的风景和依靠透视法所呈现的图画结构，这些没有一样不是文艺复兴式的。此外，巴特尔迈还打破了折翼祭坛的传统样式——他不仅放弃了祭坛上惯用的浮雕，而且还废除了祭坛下部的基座和上部的华盖以及尖塔，进一步增大了画作的尺寸。这些改变使画家不再需要与雕刻师合作，绘画越来越成为一项个体化的创作。

1549年，巴特尔迈在波尔扎诺去世。巴特尔迈·蒂尔·芮门施奈德的衣钵由他同名的儿子小巴特尔迈·蒂尔（Bartlmä Dill Riemenschneider der Jüngere）所继承。小巴特尔迈的出生日期应该在1530至1536年之间。他很好地秉承了父亲的绘画风格，在南蒂罗尔地区的梅拉诺经营自己的绘画工作室，主要承接当地教会和贵族的委托，至今仍有作品被保存在当地。根据记载，年老的小巴特尔迈在1617年离开了梅拉诺，其后就未再见于记载，不知所踪了。

结语：新的发现

1531年7月7日是纪念弗兰肯圣徒基利安的瞻礼前夜（Abend Kiliani），就在这个晚上，蒂尔曼·芮门施奈德悄然辞世。此时，与他同辈的阿尔布莱希特·丢勒早已在3年前过世。应该说，在那个时代，蒂尔曼·芮门施奈德曾经与丢勒一样，他们的作品在德国民众中受到同等的热爱，只是两位艺术家达到同样的艺术高度，却选择了两条完全不同的道路。如果说丢勒是把意大利的文艺复兴风尚引入了德国，那么芮门施奈德则是从德意志文化中不断发掘和创新，为民族传统赋予了新的生命。最典型的就是他借鉴版画来改造雕塑艺术，通过单色去挖掘雕塑的情感深度；他还把光影效果作为重要的表意工具，让雕塑具有了绘画的特质。（Chapuis: pp. 43）

蒂尔曼·芮门施奈德是德国晚期哥特式雕塑艺术最具代表性的人物之一。他的艺术创作成为走向终结的中世纪的艺术形式和思想财富的重要组成部分。在他的作品中，我们几乎看不到源自意大利的文艺复兴艺术对他产生过影响。他凭借精湛的雕刻技艺不仅为自己创造出丰厚的物质财富，而且在维尔茨堡这座中世纪城市收获了崇高的社会地位。他的艺术创作，一方面不断从传统题材汲取养料，另一方面则不断创新，把雕塑艺术推向新的高峰。他放弃了雕塑上的彩画装饰，取而代之以光影效果来强调雕塑自身的价值，这打破了人们传统的审美习惯。从此，德国的雕塑艺术不再通过表面绚丽的色彩来愉悦朝拜的教徒，而是通过精细完美的雕刻工艺去征服正在崛起的市民观众。

蒂尔曼·芮门施奈德的时代是德国祭坛木雕艺术勃兴的时代。祭坛的创作者们——包括雕刻家和画家——都享有很高的社会地位。在那个时代，芮门施奈德通过他非凡的作品确立了他在德国艺术史中的地位。但是伴随他的辞世，他的名望随之也戛然而止，不仅如此，德国中世纪晚期的艺术风尚也迅速退出历史舞台。随着宗教改革席卷欧洲大陆，曾经的一切都被改变，没有了阔绰的捐助人，也没有人再会订制新的祭坛，激烈的“捣毁圣像运动”更是让教堂中的雕刻在一夜之间消失殆尽。《德意志史》的作者们总结道，到16世纪中叶，曾经活跃的德国造型艺术的生命力已经彻底衰弱：“新的造型思想表现得徘徊不前，很少能超越晚期哥特式建筑风格的规范……”（恩斯特·W. 蔡登：第280页）此时，德国艺术把目光从北方的尼德兰重新转向了南方的意大利——意大利的文艺复兴风格迅速席卷了德意志大地，德国本土艺术退潮了。

尤斯图斯·比尔是上个世纪研究蒂尔曼·芮门施奈德的权威学者，从1925年开始，他用长达半个世纪的时间先后出版了四卷本的著作《蒂尔曼·芮门施奈德》，书中收录了几乎所有芮门施奈德的作品，还为维尔茨堡的美茵弗兰肯博物馆留下了多达155个卷宗的芮门施奈德研究学术资料。在整个研究过程中，尤斯图斯·比尔又有了大量全新的发现。1957年，当尤斯图斯·比尔在对奥克森富特进行考察时，就发现《市长头像》（*Bürgermeisterkopf*）出自芮门施奈德之手。这尊雕像被安置在奥克森富特新市政厅的塔楼上，与塔楼的自鸣钟连接在一起，每逢整点《市长头像》都会张开大嘴，好像是为市民报时。这也是现存唯一的芮门施奈德为钟表雕刻的功能性构件。（图7-1）

图 7-1：奥克森富特《市长头像》

随着对蒂尔曼·芮门施奈德的研究不断深入，他的作品至今仍在不断被重新发现。2017年4月，维尔茨堡主教座堂博物馆的展出又带来最新的发现。维尔茨堡教区的艺术负责人于尔根·伦森（Jürgen Lessen）向媒体披露，

图 7-2：维尔茨堡《基督的葬礼》、黑森塔尔朝圣教堂《悲悼基督》和格罗斯奥斯特海姆《悲悼基督》

一件从来没有被人提到过的芮门施奈德的作品被发现了。这是一件使用椴木制作的《基督的葬礼》（*Grablegung*）浮雕，雕刻时间大约在1510年。这件作品应该是由蒂尔曼·芮门施奈德和他的一位学徒共同完成的——当年曾有多件以“悲悼基督”为主题的作品出自芮门施奈德工作室，保留至今的较为知名的作品包括位于梅斯佩尔布伦的黑森塔尔朝圣教堂（Wallfahrtskirche Hessenthal in Mespelbrunn）中的《悲悼基督》（*Beweinung Christi*）（约1485年）和位于格罗斯奥斯特海姆的圣彼得和保罗教堂中的《悲悼基督》（约1509年），前者是芮门施奈德的早期作品，后者完成时芮门施奈德已经进入艺术创作的成熟期。如果把作者1523年为麦德布隆熙笃会修女院雕刻的石雕《悲悼基督》也列入这一序列，就可以发现“悲悼基督”主题实际上贯穿了作者创作的始终。此外，在芮门施奈德的“悲悼基督”主题中，作品里总有若干人物将目光投向雕塑场景之外，好像要寻找机会与观看者进行视觉上的对话；而且，雕刻中的每一个面孔、每一个悲痛的表情都饱含了极其鲜明的人物个性，这些特征都表明了，蒂尔曼·芮门施奈德不是在重复中世纪的艺术传统，他采用一种全新的构图，呈现着即将到来的文艺复兴。（图7-2）

在艺术史上，“悲悼基督”是西方自中世纪晚期至巴洛克时代非常流行的艺术主题，它的场景涉及了将耶稣的尸体取下十字架一直到安葬耶稣这整个过程，在形式上往往是由多个人物形象构成的群像或群雕，其中的人物包括圣母玛利亚、使徒约翰、玛利亚·玛德琳、尼哥德慕和阿里马提亚的约瑟，他们通常是在十字架下围绕着已经死去的耶稣，充满悲痛悼念耶稣，或者是环聚在棺墓旁边将耶稣入葬——这两个场景在布局上是非常相近的，都是将躺倒的耶稣置于作品的中心，旁边是悼念他的亲友。

这件最新被发现的《基督的葬礼》出自罗恩–格拉普菲尔德县的伍尔夫斯豪森（Wülfershausen in Rhön-Grabfeld），它是当地一户人家祖传的藏品。这件浮雕长约76厘米，高约50厘米，雕刻工艺水平极高，特别是对“手”的处理——圣母玛利亚用右手托起耶稣垂下的头，手指轻轻地拢住耶稣的缕缕发丝，透射出母子之爱；或者死去的耶稣所垂下的左手，充满了生命逝去的无力感——这些细节都表达得非常精妙。根据研究判断，这件作品应该最初是一座祭坛的基座。而且根据作者对细节如此细腻的刻画来推测，芮门施奈德在雕刻最初就已经决定这件浮雕是不需要上色的。（《美茵邮报》：2017年4月28日）

2004年，维尔茨堡市为庆祝1300年建城史而推出了一系列文化活动，其间，奥地利作曲家卡西米尔·冯·帕茨托利（Casimir von Pászthory）创作于半个世纪前的歌剧《蒂尔曼·芮门施奈德》（*Tilman Riemenschneider*）获得再度上演的机会[152]，收获了热烈反响。在冯·帕茨托利笔下，芮门施奈德的人道主义者形象深入人心，他深切地同情那个时代德国农民的生存窘境，他不顾个人安危为这些受压迫者们大声疾呼，最终投身革命为人的自由进行坚决的抗争。农民起义失败后，教会对芮门施奈德展开疯狂的报复，他在主教堡垒的地牢中遭受了非人的折磨，残酷的刑讯让他双手尽废，但是他内心深处的自由思想却未曾屈服。如同剧中所唱的：

这个世界将会重新觉醒；
（Die Welt wird auferstehen;）
它将会从蒙昧野蛮中获得解放
（von allem Wilden, Ungebärdigen befreit）
通过最纯粹炙热的人性！
（im Dienste reiner Menschlichkeit!）

152. 这部歌剧的初稿完成于1942年，后来又做过一系列调整，1959年于瑞士巴塞尔的城市剧院举行首演。

后 记

从2013年夏天共游维尔茨堡开始，我们就与蒂尔曼·芮门施奈德以及他的雕塑艺术结下了不解之缘。在随后的几年中，我们的足迹遍布弗兰肯各地，先后走访了罗腾堡、克雷格林根、米内尔施塔特、代特旺、麦德布隆、福尔卡赫等众多市镇，在一个个历史遗存中近距离探寻芮门施奈德雕刻艺术的踪迹；其间，我们也陆续拜访了柏林、慕尼黑、纽伦堡、法兰克福、斯图加特等地的博物馆和档案馆，观看了当代学者搜集整理的有关芮门施奈德的藏品，并亲自查阅了尘封已久的历史文档。

随着对芮门施奈德的了解在不断加深，我们对德国中世纪晚期艺术也有了更深层的认识。在这个研究学习的过程中，我们也结识了众多国际一流的艺术史学者和研究者。

其中，我们最大的一次收获就是2017年初夏参加了在罗腾堡召开的国际会议Riemenschneider in Situ。很多知名的中世纪艺术史专家都应邀与会，其中包括柏林工业大学Hartmut Krohm教授、文物修复专家Eike Oellermann先生、柏林雕塑典藏和拜占庭艺术博物馆馆长Julien Chapuis博士、美茵弗兰肯博物馆副馆长Claudia Lichte博士、苏黎世大学Hanns Hubach教授、纽约大学Reindert L. Falkenburg教授、特拉维夫大学Assaf Pinkus教授等。在为期四天的会程中，让我们有机会接触到很多最新的学术观点和研究方法，全面刷新了我们对芮门施奈德雕刻的认识。为此，我们还要在这里特别感谢此次会议的组织者Katherine Boivin博士和Gregory Bryda博士，正是他们的不懈努力使这次盛会最终成为现实。

在会议间隙，我们还不经意挑起了一场争论——围绕着“芮门施奈德的新发现”这一话题，与会学者们的看法大异其趣，其间有新颖的观点，有睿智的回答，让这场论战也变得妙趣横生。

在这里，我们要特别感谢年近八旬的Hartmut Krohm教授，这位智慧的长者不厌其烦地回答我们浅薄的提问，犹如醍醐灌顶，令我们受益良多。此外，Hanns Hubach教授为我们细致地讲解了“北方文艺复兴的历史”，让我们对那个时代的艺术发展有了更为全面的认识。还有Krohm教授的门生、来自柏林工大的博士候选人Sarah Nienas女士，她为我们关于宗教文化方面的疑问做出了精准的解答。

此外，为了完成这本书，我们还要感谢维尔茨堡城市档案馆的Renate Schindler博士和巴特—温茨海姆城市档案馆的Michael Schlosser先生，他们为我们的研究提供了极大的方便。

我们感谢马克特布莱特的Jacqueline Barraud—Volk牧师，她拍摄的精美的浮雕照片证实了“继续发现芮门施奈德”的意义。我们还要感谢米内尔施塔特教务办公室的Renate Kersten女士，是她为我们寄来了《玛德琳祭坛》的原始档案副本和这座祭坛的高清照片。此外还有Michael Imhof出版社的Anna Wess女士和Michael Imhof先生，他们慷慨地为我们提供了十余幅芮门施奈德主要作品的高清数码照片，从而弥补了我们捉襟见肘的图片库。在这里，我们还要感谢摄影师Heinz Peter Knes先生和他的助手Kristin Loschert女士，他们在图片方面也为我们提供了大量建议。

我们还要郑重感谢本书写作过程中一直给予我们支持的众位师友，感谢梁镛教授和孙雪珂老师，感谢Martin Loiperdinger教授，感谢Kai和Yu Filipiak博士夫妇，感谢臧云鹏博士、高世强博士，以及傅振乐先生和于蕾女士。我们的邻居Albrecht Förster先生为我们的研究也提供了极大的帮助，他总是会第一时间告知我们，本地一切有关芮门施奈德的最新发现，并会将报纸上的新闻做成整洁的简报，随时供我们查阅。

我们要特别感谢我们的朋友Georg Habenicht博士，他丰富的中世纪艺术史知识和全新的艺术创作观，为我们的写作提供了一个标尺——蒂尔曼·芮门施奈德不只是一位高超的雕刻家和带有新思维的艺术家，他还是一位尝试批量化生产方式的产业革新者——在中世纪晚期他的工作室就已经招募大量工匠，采用标准化的制作方式进行艺术创作，为那些在危机中挣扎的人们不断提供心灵的慰藉。

最后，感谢我们的家人。

附录：蒂尔曼·芮门施奈德主要作品索引

因为蒂尔曼·芮门施奈德的作品如今依然被陈设在各大小博物馆及教堂中，为了方便读者查找，在编纂芮门施奈德主要作品索引时，将以作品的地理分布为线索，地名依照德语字母顺序排列先后。该索引在编写过程中参考了伊利斯·卡尔登-罗森菲尔德所著的《蒂尔曼·芮门施奈德和他的工作室》（*Tilman Riemenschneider und seine Werkstatt*）一书以及开放式的“维尔茨堡百科（wuerzburgwiki.de）”网站中的条目“蒂尔曼·芮门施奈德的作品列表”（Werkverzeichnis der Arbeiten von Tilman Riemenschneider）等资料。

阿姆斯特丹Amsterdam：Rijksmuseum：

Verkündigungsgruppe（雪花石膏），约1485年：

天使 高39.5cm；玛利亚 高41cm。

阿莎芬堡Aschaffenburg：Städtisches Museum：

*Geburt Christi*浮雕残段（椴木），约1502—1504年：

- *Josef mit Ochs und Esel*：

高61cm。

奥布Aub：Stadtpfarrkirche：

Kreuzigungsgruppe（椴木），约1505年：

高119～130cm。

班贝格Bamberg：Dom St. Peter und St. Georg：

Grabmal Kaiser Heinrichs II. und Kaiserin Kunigundes（石灰岩），1499—1513年：

棺墓 高116cm，宽143cm，长241cm；

基座 高38cm，宽151cm，长247cm。

贝希特斯加登 Berchtesgaden：Schlossmuseum：

Wiblinger Altar（椴木），1485年之后：

– 左侧折翼：*Christus am Ölberg*；

高约170cm，宽约130cm；

– 右侧折翼：*Auferstehung Christi*。

高约170cm，宽约130cm。

柏林Berlin：Staatliche Museen – Preußischer Kulturbesitz，Skulpturensammlung：

Wiblinger Altar（椴木），1485年之后：

– 基座雕刻：*Trauernde Frauen*。

高57cm。

Münnerstadt的Magdalenen-Altar（椴木），1490—1492年：

– 左翼浮雕：*Noli me tangere*；

高约143cm，宽约103cm；

– 基座雕刻：*Vier Evangelisten*。

高约73cm—77.5cm。

Kruzifixus（椴木），约1515年：

高71.5cm。

Gnadenstuhl（椴木），约1505—1508年：

高185cm。

*Geburt Christi*浮雕残段（椴木），约1502—1504年：

- *Maria*。

高55.3cm。

Tauberbischofsheim的*Muttergottes*（椴木），约1508—1509年：

高121cm。

Apostel Matthias（椴木），约1510年：

高104.5cm。

Hl. Erasmus（椴木），约1495年：

高126cm。

Hl. Georg im Kampf mit dem Drachen（椴木），约1500年：

高77.5cm。

比伯里德Biebelried：Pfarrkirche St. Johannis Enthauptung：

维尔茨堡主教座堂主祭坛残段（椴木），约1508—1510年：

- *Christus Salvator*。

高103cm。

波士顿Boston / Mass.：Museum of Fine Arts：

Muttergottes（椴木），约1490—1492年：

高53.5cm。

不莱梅Bremen：Kunstsammlungen Böttcherstraße, Museum im Roseliushaus：

Beweinung Christi（椴木），约1510—1515年：

高103cm。

布滕海姆Buttenheim：Pfarrkirche：

Grabdenkmal Elisabeth Stieber（砂岩），约1507—1508年：

高219cm。

克利夫兰Cleveland/Ohio：Cleveland Museum of Art：

Hl. Stephanus und Hl. Laurentius（椴木），约1490—1492年：

圣史蒂芬 高92.7cm；圣劳伦斯 高94.6cm。

Hl. Hieronymus mit dem Löwen（雪花石膏），约1490—1492年：

高39.7cm。

康普顿沃尼Compton Verney：House Trust, Peter Moores Foundation：

Weibliche Heilige（椴木），约1515年：

高106cm。

克雷格林根Creglingen：Herrgottskirche：

Marien-Altar（椴木），约1505—1508年：

祭坛总高约10m；神龛中的玛利亚雕像120cm。

代特旺 Detwang：Pfarrkirche St. Peter und Paul：

Kreuzigungs-Altar（椴木），约1505—1508年：

神龛 高231.5cm，宽不详（曾于1653年缩减了44cm）；

左右折翼 宽102cm；

基座 高不详（1934年高度缩减了22cm）。

艾森纳赫Eisenach：Wartburg-Stiftung：

Leuchter Engel（椴木），约1505年：

左侧天使 高64.5cm；右侧天使 高65.5cm。

埃欣根Eisingen：Pfarrkirche St. Nikolaus：

Kruzifixus（椴木），约1505年：

高191cm。

法兰克福Frankfurt a. M.：Liebieghaus：

Muttergottes（砂岩），约1500年：

高155cm。

格拉茨Graz：Kloster der Barmherzigen Schwestern：

Wiblinger Altar[153]（椴木），1485年之后：

- 神龛雕刻：*Kruzifixus*。

高140cm。

格罗斯朗海姆Grosslangheim：Antoniuskapelle：

Hl. Jakobus der Ältere（椴木），约1509年：

高153cm。

Hl. Antonius（椴木），约1509年：

高145cm。

Hl. Diakon Laurentius（椴木），约1509年：

高133cm。

格罗斯奥斯特海姆Grossostheim：Pfarrkirche St. Peter und Paul：

Beweinung Christi（椴木），约1509年：

高127cm。

格林斯菲尔德Grünsfeld：Pfarrkirche St. Peter und Paul：

Grabdenkmal der Dorothea von Wertheim（砂岩），1503年之后：

总高240cm（包括基座）。

汉堡Hamburg：Museum für Kunst und Gewerbe：

Muttergottes（椴木），约1501—1503年：

高139.5cm。

汉诺威Hannover：Niedersächsisches Landesmuseum：

*weiblichen Heiligen*圆雕残段（椴木），约1500年：

高42cm。

*Gramschatzer Altar*的神龛雕像（椴木），约1505年：

雕像高约138 ~ 145cm。

哈斯福特Hassfurt：Pfarrkirche St. Kilian, Kolonat und Totnan：

Johannes der Täufer（椴木），约1490年：

高177.5cm。

海德堡Heidelberg：Kurpfälzisches Museum der Stadt：

Windsheimer Zwölfbotenaltar（椴木），1509年：

神龛中圣徒雕像 高90 ~ 95cm；Christus Salvator 高104cm。

希罗德斯贝格 Heroldsberg：Pfarrkirche St. Matthäus：

Wiblinger Altar（椴木），1485年之后：

- 神龛雕刻：Kruzifixus。

高 130cm

伊普霍芬Iphofen：Stadtpfarrkirche St. Veit：

Hl. Johannes Evangelist（椴木），约1490—1492年：

153. 目前学术界还无法判断到底是格拉茨的Kruzifixus亦或是希罗德斯贝格的Kruzifixus属于《维普林格祭坛》。

高150cm。
科隆Köln:：Museum für angewandte Kunst：
Muttergottes（椴木），约1495年：
高87cm。
克罗纳赫Kronach：Veste Rosenberg：
Schmerzensmann（砂岩），约1490—1495年：
高82cm。
伦敦London：Victoria and Albert Museum：
Sippenaltar 祭坛残段（椴木），约1505年：
- Maria Salome und Zebedäus：
Leuchter Engel（椴木），约1500—1505年：
左侧天使 高64cm；右侧天使 高63.3cm。
麦德布隆Maidbronn:：Kirche des ehemaligen Zisterzienserinnenklosters：
Beweinung Christi（砂岩），约1519—1523年：
高205cm（不带边框）；宽166cm（不带边框）。
蒙特利尔Montreal/Kanada：Museum of Fine Arts：
Hl. Sebastian（椴木），约1505—1510年：
高72.1cm。
慕尼黑München：Bayerisches Nationalmuseum：
Wiblinger Altar（椴木），1485年之后：
- 神龛雕像：Trauernde Frauen und Johannes Evangelist；
高 127cm；
- 神龛雕像：Kaiphas und Kriegsknechte。
高 129.5cm。
Münnerstadt的*Magdalenen-Altar*（椴木），1490—1492年：
- 左翼浮雕：Gastmahl im Haus des Simon；
高约143cm，宽约103cm；
- 神龛雕像：Maria Magdalena。
高183.5 ~ 202.5cm。
Gerolzhofen的*Johannes Altar*（椴木），约1509—1513/1514年：
祭坛（包括神龛和基座）高237cm，宽（包括打开的两翼）272cm。
Annenaltar祭坛残段（椴木），约1505—1506年：
- Mutter Anna。
高75cm。
Sippenaltar 祭坛残段（椴木），约1505年：
- Anna und ihre drei Gatten：
Apostel Jakobus der Ältere（椴木），约1500—1506年：
高148cm。
Büste der Hl. Afra（椴木），约1499—1500年：
高43cm。
Hl. Barbara（椴木），约1508—1510年：
高132cm。
Hl. Sebastian（椴木），约1490—1492年：
高149cm。
米内尔施塔特Münnerstadt：Pfarrkirche St. Maria Magdalena：
Magdalenen-Altar（复制品）（椴木），1490—1492年：
塔冠雕像 高146 ~ 147cm。
纽约New York：Metropolitan Museum of Art, The Cloisters Collection：
Hl. Bischof（椴木），约1493—1495年：
高91cm。
Drei Nothelfer: Hl. Christophorus, Eustachius, und Erasmus（椴木），约

1500—1504年：
高53.8cm。
纽伦堡Nürnberg：Germanisches Nationalmuseum：
Beweinung Christi群雕残段（椴木），约1505—1508年：
- Maria, Johannes und Leichnam Christi。
高60.5cm。
Anbetung der Hl. Drei Könige祭坛基座残段（椴木），约1485—1490年：
- Muttergottes mit dem Jesusknaben und ein kniender König。
高53.5cm（不包括底座）。
Hl. Elisabeth（椴木），约1515年：
高109cm。
奥克森富特Ochsenfurt：
Pfarrkirche St. Andreas：
Hl. Nikolaus（椴木），约1510年：
高120cm。
Neues Rathaus：
Bürgermeisterkopf（材质不详），约1513年：
巴黎Paris：Louvre：
Verkündigungsmaria（雪花石膏），约1495—1496年：
高54cm。
林帕Rimpar：Pfarrkirche：
Grabdenkmal Ritter Eberhard von Grumbach（砂岩），1487年之后：
高225cm。
罗腾堡Rothenburg o. d. Tauber：
Pfarrkirche St. Jakob：
Heiligblut-Altar（椴木），1501—1504/1505年：
祭坛总高10.83m，宽4.17m；神龛高2.44m，宽2.30m。
Ludwig von Toulouse-Altar（椴木），约1495年：
Franziskanerkirche：
Franziskus-Altar（椴木），约1490年：
祭坛神龛高135cm，宽131cm，深25.5cm。
史坦纳赫Steinach a. d. Saale (Bad Bocklet)：Pfarrkirche：
Kruzifixus（椴木），1516年：
高123cm。
斯图加特Stuttgart：Württembergisches Landesmuseum：
Sippenaltar祭坛残段（椴木），约1505年：
- Maria Kleophas und Alphäus.
Beweinung Christi群雕残段（椴木），约1505—1508年：
- Trauernde Frauen：
高63cm。
Apostel Jakobus der Ältere（椴木），约1505年：
高121cm。
福尔卡赫Volkach：Wallfahrtskapelle Maria im Weingarten auf dem Kirchberg：
Muttergottes im Rosenkranz（椴木），1521—1524年：
总高280cm；总宽190cm。
华盛顿Washington D. C.：
The Dumbarton Oaks Collection：
Muttergottes（椴木），约1521—1524年：
高95.2cm。
National Gallery：
Büste eines Bischofs（椴木），约1490—

1492年；
高82.3cm。
维也纳Wien：Kunsthistorisches Museum：
Muttergottes（椴木），约1495年；
高145cm。
维尔茨堡Würzburg：
Der St. Kilians Dom：
Marienkapelle的*Skulpturenzyklus*（砂岩），1500—1506年：
- Salvator；
- Apostel Andreas；
- Johannes Evangelist；
- Perus。
雕像高约183 ~ 195cm。
Grabdenkmal des Bischofs Rudolf II. von Scherenberg（大理石/砂岩），1496—1499年；
墓碑高515cm，宽181cm，深55cm。
Grabdenkmal des Bischofs Lorenz von Bibra（大理石/砂岩），约1515—1522年；
墓碑高656cm，宽189cm，深42cm。
Mainfränkisches Museum:
Adam und Eva（砂岩），1491—1493年；
亚当 高189cm；夏娃 高186cm。
Marienkapelle的*Skulpturenzyklus*（砂岩），1500—1506年：
- Bartholomäus；
- Jakobus der Jüngere；
- Johannes der Täufer；
- Judas Thaddäus；
- Matthias；
- Paulus；
- Philippus；
- Simon；
- Thomas；
雕像高约183 ~ 195cm。
Muttergottes（砂岩），约1500—1501年；
高155cm。
Muttergottes（椴木），约1501—1503年；
高79cm。
"Kleine" Muttergottes（椴木），约1495—1500年；
高29.9cm。
Doppelmadonna（椴木），约1520年；
高90cm。
Acholshausen的*Trauernde Maria* [154]（椴木），约1505年；
高179cm。
Anna-Selbdritt（砂岩），约1515—1522年；
高79cm。
*St. Burkard的Ölberg*群雕残段（砂岩），1511年：
- Jakobus, Johannes Evangelist und Petrus；
最高128cm。

---

154. 这尊《悲恸的玛利亚》雕像，应该出自一组以"耶稣受难十字架"为主题的群雕——芮门施奈德曾经制作过一系列该主题的群雕作品，如今保留最完整的是奥布城市教区教堂的《耶稣受难十字架》。该主题的作品应该由三件雕像组成，分别是十字架上的耶稣、悲恸的圣母和福音使徒约翰——这尊《悲恸的玛利亚》所属的群雕中，福音使徒约翰已经在19世纪末被毁，十字架上的耶稣也已丢失，只有悲恸的圣母玛利亚被完好保存下来——特别是玛利亚雕像上依然鲜亮的彩绘，以及它真人大小的尺寸，这些都是在芮门施奈德同类作品中非常罕见的。

Hl. Barbara（椴木），约1510年：
高111cm。
Hl. Nikolaus（椴木），约1505—1508年：
高124cm。
Hl. Stephanus（椴木），约1505—1508年：
高77cm。
"*Eichstätter Tisch*"[155]（石灰岩/橡木），1506年：
桌高80cm，桌面直径144cm。
Ochsenfurt的Lüsterweibchen（椴木），约1515：
高57cm。
Grabstein Riemenschneiders（材质不详）1531.
Marienkapelle：
Adam und Eva（复制品），1890年之前。
Apostelzyklus（复制品），1890年之前。
Grabdenkmal des Ritters Konrad von Schaumberg（砂岩），约1499—1500年：
高256cm。
Martin von Wagner Museum：
Muttergottes（椴木），约1520年：
高114.5cm。
Beweinung Christi（椴木），约1505—1510年：
高48cm。
Museum am Dom, Kunstsammlungen der Diözese Würzburg：
Marienkapelle的*Skulpturenzyklus*（砂岩），1500—1506年：
- Apostel Jakobus der Ältere：
雕像高183 ~ 195cm。
Grablegung Christi（椴木），约1510年：
Neumünster：
Muttergottes（砂岩），1493年：
高207cm。
Grabmal des Abtes Trithemius（砂岩），1516年之后：
高318cm。
前维尔茨堡主教座堂Hochaltar残段（椴木），约1508—1510年：
- *Hl. Totnan, Bischof Kilian und Kolonat*（复制品）[156]：
Pfarrkirche St. Burkard：
Prozessionsbüste einer Muttergottes（椴木），约1490年：
高80.4cm（不包括底座）。
苏黎世Zürich：Kunsthaus：
Muttergottes（椴木），约1505年：
高101.5cm。
私人收藏Privatsammlungen：

155. 这是现存唯一的由芮门施奈德完成的豪华家具制品。艾希施泰特主教加布里尔·冯·艾普（Gabriel von Eyb）在1506年送给维尔茨堡市议会一块产自索恩霍芬（Solnhofen）的上等石灰岩石板，以作为对维尔茨堡所赠弗兰肯葡萄酒的回赠品——班贝格大教堂中的《皇帝石棺》也是采用了这种石材。随后，维尔茨堡市议会委托时任市政委员的芮门施奈德用这块石板雕刻一张桌面。桌面中央刻有三面徽纹，它们分别代表了艾希施泰特主教加布里尔·冯·艾普、维尔茨堡主教劳伦斯·冯·比普拉和维尔茨堡市。

156. 原件在1945年3月16日晚间的维尔茨堡大空袭中被烧毁。

Hl. Barbara（雪花石膏），约1485年：
高42cm。
Hl. Katharina（椴木），约1515年：
高104.7cm。

参考文献及资料

1、 文献资料

Andergassen, Leo: *Bartlmä Dill Riemenschneider: Ein Würzburger Maler in Südtirol*, in: Lenssen, Jürgen: *Tilman Riemenschneider: Werke seiner Glaubenswelt*, pp. 150-167, Verlag Schnell und Steiner, Regensburg, 2004.

Baxandall, Michael: *Die Kunst der Bildschnitzer: Tilman Riemenschneider, Veit Stoß und ihre Zeitgenossen*, C. H. Beck Verlag, München, 1984.

Baxandall, Michael: *The Perception of Riemenschneider*, in: Chapuis, Julien (ed.): *Tilman Riemenschneider: Master Sculptor of the Late Middle Ages*, pp. 83-98, National Gallery of Art, Washington, 1999.

Benesch, Otto: *The Art of the Renaissance in Northern Europe*, Phaidon Press, London, 1965.

Bier, Justus: *Tilman Riemenschneider, Bd. 1: Die frühen Werke*, Würzburg, 1925; *Bd. 2: Die reifen Werke*, Augsburg, 1930; *Bd. 3: Die späten Werke in Stein*, Wien, 1973; *Bd. 4: Die späten Werke in Holz*, Verlag Anton Schroll & Co., Wien, 1978.

Boivin, Katherine: *Riemenschneider in Rothenburg: A Topography of the Altarpiece*, in: Riemenschneider Tagung Situ in Rothenburg o.T., 21-24 Juni, 2017.

Bonnet, Anne-Marie; Kopp-Schmidt, Gabriele: *Die Malerei der Deutschen Renaissance*, Schirmer/Mosel, München, 2014.

Borchert, Till-Holger: *A Shifting Critical Fortune*, in: Chapuis, Julien (ed.): *Tilman Riemenschneider: Master Sculptor of the Late Middle Ages*, pp. 117-142, National Gallery of Art, Washington, 1999.

Chapuis, Julien (ed.): *Tilman Riemenschneider: Master Sculptor of the Late Middle Ages*, National Gallery of Art, Washington, 1999.

Duby, Georges; Daval, Jean-Luc (hrsg.): *Skulptur: von der Antike bis zur Gegenwart*, Taschen Verlag, Köln, 2002.

Eco, Umberto: *Kunst und Schönheit im Mittelalter*, Deutscher Taschenbuch Verlag, München, 1993.

Falkenburg, Reindert L.: *,Horror vacui ' – ,amor-vacui ': Riemenschneider' s Creglingen Retable in Situ*, in: Riemenschneider Tagung Situ in Rothenburg o.T., 21-24 Juni, 2017.

Fröhling, Stefan; Huck, Markus: *Tilman Riemenschneider: Meister, Ratsherr, Revolutionär*, Verlag Friedrich Pustet, Regensburg, 2014.

Goff, Jacques Le (hrsg.): *Der Mensch des Mittelalters*, Campus Verlag, Frankfurt a. M., 1989.

Goldner, Johannes; Bahnmüller, Wilfried: *Tilman Riemenschneider*, Pannonia Verlag, Raubling, 2004.

Gombrich, E. H.: *Die Geschichte der Kunst*, Phaidon Press, Berlin, 1996.

Habenicht, Georg: *Die ungefaßten Altarwerke des ausgehenden Mittelalters und der Dürerzeit* (Dissertation), die Philosophische Fakultät der Georg-August-Universität Göttingen, Göttingen, 2000.

Habenicht, Georg: *Der Flügelaltar und sein Personal: die Heilsmaschine*, Michael Imhof Verlag, Petersberg, 2014.

Heine, Florian: Meilensteine: *Wie grosse Ideen die Kunst veränderten*, Prestel Verlag, München, 2012.

Hubach, Hanns: *Winand von Steeg (1371-1453): Über Komposition und Farbe (um 1415/20)*, in: Riemenschneider Tagung Situ in Rothenburg o.T., 21-24 Juni, 2017.

Husband, Timothy B.: *Saint George and The Dragon*, in: Chapuis, Julien (ed.): *Tilman Riemenschneider: Master Sculptor of the Late Middle Ages*, pp. 236-238, National Gallery of Art, Washington, 1999.

Kalden-Rosenfeld, Iris: *Tilman Riemenschneider und Seine Werkstatt*, Verlag Langewiesche Nachf., Königstein, 2004.

Kammel, Frank Matthias: *Auf Abwegen: Peter Dell der Ältere, ein Schüler Tilman Riemenschneiders*, in: Lichte, Claudia (hrsg.): *Tilman Riemenschneider: Werke seiner Blütezeit*, pp. 209-223, Verlag Schnell und Steiner, Regensburg, 2004.

Kemperdick, Stephan: *A Sculptor in Würzburg*, in: Chapuis, Julien (ed.): *Tilman Riemenschneider: Master Sculptor of the Late Middle Ages*, pp. 69-82, National Gallery of Art, Washington, 1999.

Kirsch, Hans-Christian: *Tilman Riemenschneider - Ein deutsches Schicksal*, C. Bertelsmann Verlag, München, 1981.

Krohm, Hartmut (hrsg.): *Zum Frühwerk Tilman Riemenschneiders*, Dietrich Reimer Verlag, Berlin,

1982.

Krohm, Hartmut: *The Sources of Riemenschneider's Art*, in: Chapuis, Julien (ed.): *Tilman Riemenschneider: Master Sculptor of the Late Middle Ages*, pp. 45-68, National Gallery of Art, Washington, 1999.

Lenssen, Jürgen (hrsg.): *Tilman Riemenschneider: Werke seiner Glaubenswelt*, pp. 150-167, Verlag Schnell und Steiner, Regensburg, 2004.

Lichte, Claudia (hrsg.): *Tilman Riemenschneider: Werke seiner Blütezeit*, Verlag Schnell und Steiner, Regensburg, 2004.

KUNTH Verlag: *Unterwegs in Deutschland: Das große Reisebuch*, KUNTH Verlag, 2016.

Laube, Adolf; Steinmetz, Max; Vogler, Günter (hrsg.): *Illustrierte Geschichte der Deutschen Frühbürgerlichen Revolution*, Dietz Verlag, Berlin, 1974.

Mackenney, Richard: *Sixteenth Century Europe: Expansion and Conflict*, Macmillan Press, London, 1993.

Marincola, Michele: *The Surfaces of Riemenschneider*, in: Chapuis, Julien (ed.): *Tilman Riemenschneider: Master Sculptor of the Late Middle Ages*, pp. 99-116, National Gallery of Art, Washington, 1999.

Meisner, Michael: *Die zerbrochenen Hände: Tilman Riemenschneider und seine Zeit*, Stürtz Verlag, Würzburg, 1978.

Nicolai, Bernd: *Kunst-Epochen Band 4: Gotik*, Philipp Reclam jun., Stuttgart, 2007.

Schneider, Wolfgang: *Hans Fries von Mergentheim*, in: Lichte, Claudia (hrsg.): *Tilman Riemenschneider: Werke seiner Blütezeit*, pp. 195-207, Verlag Schnell und Steiner, Regensburg, 2004.

Schmidt, Heinrich; Schmidt, Margarethe: *Die vergessene Bildersprache christlicher Kunst: ein Führer zum Verständnis der Tier-, Engel- und Mariensymbolik*, C. H. Beck Verlag, München, 1981.

Snyder, James: *Northern Renaissance Art: Painting, Sculpture, the Graphic Arts from 1350 to 1575*, Prentice-Hall, INC., and Harry N. Abrams, INC., New York, 1985.

Toman, Rolf (hrsg.): *Renaissance: Kunst und Architektur des 15. und 16. Jahrhunderts in Europa*, Parragon Books Ltd., Köln, 2011.

Toman, Rolf (hrsg.): *Ars Sacra: Christliche Kunst und Architektur des Abendlandes von den Anfängen bis zur Gegenwart*, h. f. Ullmann Publishing, Potsdam, 2015.

Verhaeren, Émile: *Essays on the Northern Renaissance: Rembrandt, Rubens, Grünewald and Others*, Peter Lang Publishing, New York, 2012.

Warnke, Martin: *Geschichte der Deutschen Kunst 2: Spätmittelalter und Frühe Neuzeit 1400-1750*, C. H.

Beck Verlag, München, 1999.

Wetzel, Christoph: *Heiligenlegenden in der bildenden Kunst*, Philipp Reclam jun., Stuttgart, 2011.

Wixom, William D.: *Riemnschneider in America*, in: Chapuis, Julien (ed.): *Tilman Riemenschneider: Master Sculptor of the Late Middle Ages*, pp. 143-158, National Gallery of Art, Washington, 1999.

Wolf, Norbert: *Kunst-Epochen Band 5: Trecento und Altniederländische Malerei*, Philipp Reclam jun., Stuttgart, 2002.

Wolf, Norbert: *Albrecht Dürer: Das Genie der deutschen Renaissance*, Taschen Verlag, Köln, 2006.

Zimmermann, Eva: *Der spätgotische Schnitzaltar: Bedeutung, Aufbau, Typen dargelegt an einigen Hauptwerken*, in: *Liebieghaus Monographie* (Band 5), Liebieghaus, Frankfurt a. M., 1979.

[1] 阿诺尔德·豪泽尔，《艺术社会史》[M]. 北京 : 商务印书馆, 2017。

[2] 保罗·约翰逊，《时代的印记 : 文艺复兴三百年》[M]. 合肥:安徽人民出版社, 2013。

[3] 恩斯特·瓦尔特·蔡登，马克斯·布劳巴赫，瓦尔特·彼得·福克斯等，《德意志史·第二卷上册：从宗教改革至专制主义结束》（1500—1800）[M]. 北京 : 商务印书馆, 1998。

[4] G. R. 波特，《新编剑桥世界近代史·第一卷 : 文艺复兴》（1493—1520）[M]. 北京 : 中国社会科学出版社, 1988。

[5] 亨利·查尔斯·李，《迷信与暴力 : 历史中的宣誓、决斗、神判与酷刑》[M]. 桂林 : 广西师范大学出版社, 2016。

[6] 麦克尔·巴克桑德尔，《德国文艺复兴时期的椴木雕刻家》[M]. 南京 : 江苏凤凰美术出版社, 2014。

[7] 米歇尔·福柯，《规训与惩罚 : 监狱的诞生 》[M]. 北京 : 三联书店, 2012。

[8] 托马斯·卡希尔，《中世纪的奥秘 : 天主教欧洲的崇拜与女权、科学及艺术的兴起》[M]. 北京 : 北京大学出版社, 2011。

[9] 马努埃尔·霍韦尔等，《卢浮宫指南》[M]. 巴黎 : 国家博物馆中心出版社, 2005。

[10] J·德比奇等，《西方艺术史》[M]. 海口 : 海南出版社, 2000。

[11] 罗兰·雷希特，《信仰与观看 : 哥特式大教堂艺术》[M]. 北京 : 北京大学出版社, 2017。

2、 报章资源

Häring, Martina: *Das letzte große Vermächtnis von Riemenschneider*, in: *Main Post*, Würzburg, 05.09.2014.

Heringlehner, Ralph: *Das Riemenschneider-Rätsel*, in: *Main Post*, Würzburg, 13,06.2013.

Jeske, Christine: *Rätsel Riemenschneider*, in: *Main Post*, Würzburg, 28.04.2017.

Natter, Alice: *Der Riemenschneider-Schüler, der dem Meister nicht folgte*, in: *Main Post*, Würzburg, 29.10.2017.

Smith, Roberta: *An Innovator on the Threshold of the Renaissance*, in: *New York Times* - Art Review, New York, 11.02.2000.

Wiedemann, Mathias: *Riemenschneider und die Endlichkeit des Seins*, in: *Main Post*, Würzburg, 13.11.2016.

3、 网络资源

Hobbs, Steven: *The Limewood Master and the Female Saint*, in: stevenhobbsauthor.com, 11.12.2014, URL: http://stevenhobbsauthor.com/limewood-master-female-saint/ (04.07.2017)

Koberger, Anton: *Der Heiligen Leben Sommer- und Winterteil*, Nürnberg, 1488: Bayerische Staatsbibliothek & Münchener Digitalisierungszentrum Digitale Bibliothek, URL: http://daten.digitale-sammlungen.de/~db/0002/bsb00027260/images/index.html?seite=130 (30.03.2017)

Kalden-Rosenfeld, Iris: *Riemenschneider, Tilman: Kaisergrabmal im Bamberger Dom, in: Historisches Lexikon Bayerns*, 22.02.2010, URL: https://www.historisches-lexikon-bayerns.de/Lexikon/Riemenschneider,_Tilman:_Kaisergrabmal_im_Bamberger_Dom (30.03.2017)

Online Lexikon: *RDK Labor*

4、 图片资源

Akg-images

Alfred-Ehrhardt-Stiftung, Berlin

Bayerisches Nationalmuseum, München

Bayerische Staatsbibliothek, München

Bildarchiv Foto Marburg

Bildarchiv Preußischer Kulturbesitz, Berlin

Deutsche Digitale Bibliothek, Berlin

Archiv des Germanischen Nationalmuseums, Nürnberg

Kurpfälzisches Museum der Stadt Heidelberg, Heidelberg

Mainfränkisches Museum, Würzburg

Main Post Archiv, Würzburg

Stadtarchiv Würzburg

Dommuseum Würzburg

Liebieghaus, Frankfurt a. M.

Staedelmuseum, Frankfurt a. M.

Kunstmuseum Hamburg

National Gallery of Art, Washington D. C.

bpk-Bildagentur/Bildportal der Kultureinrichtungen

Pfarrbüro St. Maria Magdalena Münnerstadt und Dr. Johannes Becker

The Cleveland Museum of Art

Stadtarchiv Bad Windsheim

Museum für Angewandte Kunst im Grassimuseum, Leipzig

Compton Verney Art Gallery, Warwickshire

Wikipedia

Wuerzburgwiki

责任编辑：林　群
执行编辑：楼　芸
装帧设计：李　文
责任校对：杨轩飞
责任印制：娄贤杰

图书在版编目（CIP）数据

蒂尔曼·芮门施奈德：湮没在历史中的德国雕刻大师 / 宋公仆，宋春阳著．-- 杭州：中国美术学院出版社，2019.4
ISBN 978-7-5503-1243-2

Ⅰ．①蒂… Ⅱ．①宋… ②宋… Ⅲ．①蒂尔曼·芮门施耐德－生平事迹 Ⅳ．① K835.165.72

中国版本图书馆 CIP 数据核字 (2019) 第 040981 号

蒂尔曼·芮门施奈德
湮没在历史中的德国雕刻大师
宋公仆　宋春阳　著

出 品 人　祝平凡
出版发行　中国美术学院出版社
网　址　http://www.caapress.com
地　址　中国·杭州南山路218号　邮政编码　310002
经　销　全国新华书店
印　刷　浙江省邮电印刷股份有限公司
版　次　2019年4月第1版
印　次　2019年4月第1次印刷
开　本　787mm×1092mm　1/16
印　张　10.75
字　数　129千
图　数　156幅
印　数　001-600
书　号　ISBN 978-7-5503-1243-2
定　价　78.00元